알페스×퀴어

알페스 × 퀴어

케이팝, 팬덤, 알페스, 그리고
그 속의 퀴어들과 퀴어함에 대하여

권지미 지음

오월의봄

일러두기

1. 단행본, 정기간행물, 인터넷 매체 등은 겹화살괄호(《 》), 논문, 기사,
   방송, 영화, 노래, 알페스 작품 등은 홑화살괄호(〈 〉)로 표기했다.
   인용 구절 안에 지은이가 이해를 돕기 위해 말을 덧댄 경우는
   대괄호([ ])로 표기했다.
2. 본문에 등장하는 아이돌 이름은 한글을 표기해야 정확히 알 수
   있는 경우는 한글로, 영문을 그대로 읽을 수 있는 경우는 영문으로
   표기했다(예. god, NCT, 엑소).

나의 이야기

나도 지금이 (이 글을 쓰기 시작한 '지금'은 2021년 2월이다) RPS(이하 '알페스')가 공격받고 있는 괴상한 시대라는 것을 잘 알고 있다. 최근 N번방이나 딥페이크 같은 성착취에 대해 여성들이 목소리를 내고 그것이 범죄로 형상화되자, 어떤 남성들은 그것을 자신들에 대한 비난 혹은 공격이라 여긴 듯 싶다. 그리고 일부 남성들이 그 남성의 '여성 성착취'에 상응하는 가장 유사한 것으로 보이는 남성 아이돌에 대한 알페스 문화를 집어, 이것은 여성의 '남성 성착취' 문화가 아니냐고 비난하기 시작한 것이다. 2021년 1월 11일 청와대 청원 게시판에 '알페스 이용자 처벌'에 관한 글이 올라왔고, 19만 명이 넘는 사람들이 여기에 동의를 눌렀다. 하태경 국민의 힘 의원은 같은 해 2월 9일 '알페스 제작·유포자 처벌법'을 발의했고, 알페스 논란과 관련해 제작 및 유포자 110명에 대한 경찰 수사를 의뢰하기도 했다. 이 때문에 2021년 1월 이후 많은 알페스 팬픽들이 삭제되거나, 비공개 혹은 멤버십에 가입한 사람만 볼 수 있도록 바뀌기도 했다.

알페스를 여성 성착취에 대응하는 또 다른 성착취물로 뭉뚱그려서 공론화하는 방식에 문제가 많으며, 애초에 이러한 논란 자체가 일부 남자들의 말도 안 되는 떼쓰기에서 시작한 것이고, 알페스는 처벌 대상이 되기 어렵다는 이야기는 당시 많은 이들이 언론 지면 등을 통해 밝힌 바 있다. 그들이 말한 것을 내가 굳이 반복할 필요는 없을 것이다. 그 대신 나는 나만 쓸 수 있는, 좀 더 개인적인 이야기를 해보고 싶다.

나는 아주 오랫동안 알페스물을 즐겨왔다. 초등학생 때 읽었던 god(지오디)의 팬픽은 생각해보면 내가 처음으로 읽은 동성 섹스를 다룬 글이었다. 그 뒤로 나는 여러 아이돌의 팬픽을 읽어왔고, 팬픽만의 비주류적인 감성에 매료되었다. 나는 팬픽이라는 장르만의 힘이 있다고 생각한다. 전반적으로 질적인 면이든 어떤 면에서든 팬픽은 '순문학'에 비해 훨씬 더 제멋대로인 글이고, 그 안에서 재미를 추구한다. 요즘의 팬픽을 두고

"팬픽은 이제 거의 한국 문학이다"라는 식의 찬사를 늘어놓는 이들도 많지만, 그런 찬사를 보고 있자면 어느 정도는 동의하면서도 어느 정도는 부정하고 싶은 마음이 된다. 팬픽에는 '한국 문학'이 되지 못하는, 혹은 될 수 없는 부분이 분명히 존재하는데, 나는 팬픽의 바로 그 부분을 사랑하기 때문이다. 또한 그러한 찬사 자체가 '팬픽'과 '한국 문학' 사이의 위계를 만드는 것 같아서 정말로 '한국 문학'을 심하게 닮은 팬픽이 아닌 이상 (그런 팬픽들이 종종 있긴 하다) 나는 그러한 찬사를 자제하는 편이다.

또한 팬픽에는 '1차 BL'* 등의 장르 문학적인 글과도 좀 다른 구석이 있다. 1차 BL은 아무래도 상업적으로 유통되는 것이어서 독자를 의식하며 쓰이는 데 반해, 팬픽은 '내가 좋아서 쓴다'라는 마음이 가득한 경우가 많다. 팬픽으로 돈을 버는 이들도 있지만(소수지만 일부 인기 팬픽 작가들은 유료로 글을 판매하는 방식 등으로 꽤 많은 돈을 번다고 들었다), 팬픽은 순전히 자기만족을 위해 쓰이는 경우가 훨씬 많으며, 그런 이유에서 드러나는 비주류적 면이 존재한다. 쓰는 사람이 '너무 좋아서' 쓰는 글이기에 나오는 특유의 즐거움이다. 다른 장

---

*   동인지나 패러디물이 아닌 상업 출판된 BL 소설과 BL 만화 등을 통칭하는 용어다.

르의 글에서도 물론 발견할 수 있겠지만, 팬픽보다 그것이 강하게 드러나는 글을 본 적은 없다. 쓰는 이들의 즐거움과 열정과 애정이 느껴질 때, 나는 이 팬픽이라는 장르가 참 좋다고 느꼈다.

그래서 나는 내가 '덕질'을 하지 않는 아이돌 그룹의 것일지라도 주변에서 재밌다고 추천을 해준 팬픽은 닥치는 대로 읽어왔다. 내가 잘 알고 있는 아이돌의 경우에는 얼굴과 캐릭터가 팬픽 속 인물과 매칭되면서, 바로 그 팬픽 속 인물을 이해할 수 있어 매우 편리하다고도 생각했다. 소설을 읽을 때 그 인물을 굳이 이해하려는 노력 없이 바로 사랑에 빠질 수 있다는 것은 독자로서 정말 편리한 일이었다. 팬픽과 같은 소위 '2차 창작물'은 독자가 등장인물을 이해하고 있다는 것을 전제로 깔고 있기에, 다른 장르에 비해 스토리에 신경을 덜 신경 쓰는 경향이 있다. '1차 창작물'인 소설은 독자가 소설 속 인물을 모른다고 가정하기에 좀더 자연스럽게 독자가 이해할 수 있도록 이야기의 흐름에 집중하는 반면, 팬픽은 이미 독자가 팬픽 속 인물들을 다 이해하고 있다는 가정하에 스토리를 대충 뭉개기도 한다. 그런데 그 뭉개짐을 이해하고 그 이해를 공유하는 것이 팬픽 독자의 숨겨진 즐거움이기도 하다.

등장인물이 정해져 있으며, 그 인물들이 등장한다는 규칙만 지킨다면 기본적으로 무슨 이야기도 쓸 수 있다는 것은 팬픽만의 또 다른 즐거운 지점이다. 물론 팬덤 내에서 금기시하는 소재(예를 들어, 모 팬아트 작가는 모 아이돌을 소재로 고어적인 연성, 잔혹한 연성을 한다는 이유로 사이버불링을 당하기도 했다)를 쓰면 팬덤 내에서 비판을 받겠지만, 기본적으로 등장인물로 학원물을 쓰든, 직장물을 쓰든, SF를 만들든, 임출육물*을 만들든다 가능은 하다. 이런 팬픽의 다양한 가능성 덕분에 등장하는 이상한 시도들이 있는데, 나는 '이상한' 작품일수록 더 좋아하는 편이다(그러한 이상한 시도 중 하나가 '퀴어페스'라는 흐름이기도 하다). 현재 주류 매체에서는 불가능한 시도, 꼭 동성애 서사여서만이 아니라 매체적 한계에서 오는 불가능한 이야기들(가령, 공중파 '안방극장'뿐만 아니라 2020년대의 넷플릭스에서도 정치적인 이유로 제작·상영되지 못할 비도덕적이거나 위험한 이야기들, 다양한 인터넷 하위문화, 특히 밈meme에 중독된 중증 네티즌들이나 알아차릴 수 있는 요소들로 가득한 대중성 없는 이야기들)을 '팬심'으로 뚝딱 만들어버리고 마는 열정을 보여주는 팬픽들도 있다. 나는 그 열정들이 대단하다고 생각하고, 또 사랑해마지 않는다.

그리고 팬픽은 분명히 여성, 그리고 비남성의 문화이기도 하다. 팬픽은 여성들과 비남성들의 인형놀이

---

* 임신, 출산, 육아를 다룬 이야기를 줄여서 '임출육물'이라고 부른다.

로, 그들이 어떤 캐릭터를 빌려서 거기에 자기 이야기를 어느 정도 넣어가며 만드는 것이 팬픽이다. 그렇기 때문에 그 '인형'이 남성 아이돌, 즉 남자라고 해도 결국 넓은 의미에서 팬픽은 여성서사, 혹은 비남성서사에 속한다고 할 수 있다. BL이 여성서사라고 불리는 이유와 마찬가지다(이에 대한 내용은 〈남성 아이돌 알페스와 '여성서사' 논란에 대하여〉에서 좀더 자세히 다뤘다). 문예 평론가인 사이토 미나코齋藤美奈子가 《요술봉과 분홍 제복》에서 말했듯이, 남성 오타쿠들이 좋아하는 작품 속 세계관을 그대로 받아들이고 세세한 해석에 열을 올리는 것에 반해, 여성 오타쿠들은 '이야기를 고쳐 쓴다'.* 사실 세상의 많은 이야기는 여성 혹은 비남성의 것이 아닌, 남성의 것이다. 그 이야기를 여성 혹은 비남성의 것으로 고쳐 쓰는 건 여성들과 비남성들의 놀이다. 나는 이것을 원본 없는 자들의 애처로움으로 해석하기보다는, 제시된 것을 재해석할 수 있는 힘을 가진 자들의 창조적 문화라고 해석하고 싶다. 팬픽은 남성의 세계를 남성이 아닌 자들이 고쳐 쓰는, 대안적이고 창조적인 문화의 전형 중 하나다.

---

* 사이토 미나코, 《요술봉과 분홍 제복》, 권서경 옮김, 문학동네, 2020 참조.

나는 오랫동안 팬픽과 팬픽 문화를 좋아해왔지만, 직접 팬픽(이라고 불리는 것에 가까운 글들)을 쓴 것은 비교적 최근의 일로, 그 시점은 2017년에 케이팝 아이돌인 NCT(엔시티)의 덕질을 시작한 이후였다(이에 대한 내용은 〈나는 왜 퀴어페스를 썼나〉에서 자세히 썼다). 이때 내가 쓴 글들은 알페스로 분류되면서도 동시에 그 분류에서 벗어난 구석들이 있었기에 많은 이들에게 공격을 받았지만, 그만큼 사랑도 받았다. 2018년 중순부터 NCT 덕질에 시들해졌지만 케이팝과 알페스라는 하위문화에 대한 사랑은 잃지 않았다. 꾸준히 재밌다는 팬픽들을 읽어왔으며 타임라인을 꼼꼼히 살피며 재밌는 '썰'을 보면 즐거워했다.

지금은 소속되어 있지 않지만 'NCT QUEER'라는 NCT 퀴어팬덤의 시작 단계부터 함께했고, 아이돌을 좋아하는 가지각색의 퀴어들을 인터뷰하는 'NCT QUEER'의 프로젝트에도 함께했다. 30명도 넘는 다양한 아이돌 퀴어 덕후들의 이야기를 듣는 작업은 무척 흥미로웠다. 어디에서도 들을 수 없었던 이야기가 잔뜩 있었고, 인터뷰 프로젝트를 함께하면서 나는 그들의 이야기를 밑절미 삼아 우리가 무엇을 할 수 있을지 고민해보기도 했다. 2019년 여름 무렵 워킹홀리데이로 해외를 오가며 우울증이 심해져 잠시 인터뷰 프로젝트에서는 하차할 수밖에 없었으나, 이후 이 프로젝트가

'2020 퀴어돌로지' 세미나로 정비되면서 감사하게도 다시 함께할 수 있었다. 이 세미나에서 발제를 하고, 그것을 기반으로 《퀴어돌로지》라는 단행본에 두 편의 글을 싣기까지 했다. 하지만 아쉬웠다. 그러니까, 나는 이런 이슈들에 대해 할 말이 너무 많았다.

나는 '남성 아이돌'과 그들을 이용한 알페스물을 좋아하는 것이 어째서 퀴어적인, 레즈비언적이거나 젠더퀴어적인* 나의 정체성과 맞닿아 있는지에 대해서 할 말이 많았다. 팬픽과 퀴어의 관계성, 혹은 팬픽의 퀴어한 가능성들(그것을 나는 '퀴어페스'라는 이름으로 부른다), 남성 아이돌 알페스가 어떻게 비남성과 여성의 것이 되는지, 그리고 이 모든 것을 퀴어하게 '착즙'하는 것이 얼마나 즐겁고 괴상한 일인지에 대해서 말이다. 나는 할 말이 지나치게 많았다. 그래서 '2020 퀴어돌로지' 세미나가 모두 끝난 뒤, 세미나에서 발표했던 글에서 이어지는 글을 '지미집캠'이라는 이름의 메일링 서비스를 통해 매주 한 편씩 연재했다. 한 달에 1만 원을 내야 하는 유료 서비스인데다가 너무 '마이너한' 시각의 글이라고 생각해 이 메일을 구독하는 사람은 많지 않을 것이라고 짐작했다. 30명 남짓, 많아야 60명 정도 아닐

---

* 젠더퀴어란, 젠더를 남성과 여성으로만 분류하는 이분법적 성별 구분에서 벗어난 성별 정체성을 가진 이들을 지칭하는 용어다.

까. 그런데 126명이 첫 달에 '지미집캠' 메일링을 신청했다. 나는 내 글을 읽고 싶어 하는 사람이 생각보다 많다는 데 깜짝 놀랐다.

이 책에 실린 대부분의 글은 '지미집캠' 메일링 서비스를 시작한 첫 달인 2020년 8월에 썼던 것들이다. 그러니까 나는, 1주일마다 한 장 이상의 글을 썼던 셈이다. 원래 한 달은 4주이므로 네 편의 글을 보내야 했지만, 생각보다 너무 많은 분이 구독을 해준 것이 고마워서 〈레즈비언 정상성〉에 집착하는 이들에 대하여〉와 〈레즈비언과 '소년애'〉라는 글은 '서비스'로 따로 보내드렸다. '지미집캠' 메일링 서비스는 이후로 두 번 더 이어졌지만, 이 책에는 첫 번째 '지미집캠' 메일링 서비스에 실린 글들을 위주로 실었다. 〈펨이란 무엇인가〉와 〈나가는 글: 퀴어들에게〉는 각각 2020년 9월에 연재된 두 번째 '지미집캠' 메일링 서비스, 2020년 12월에 연재된 세 번째 '지미집캠' 메일링 서비스에 속하는 글들이지만, 이번 책에 함께하게 되었다.

'왜 나는 이 글들을 쓰게 되었나'를 다시금 생각해 본다. 나는 그간 여러모로 많은 공격을 받아왔다. 호모포비아인 비퀴어들의 공격도 많았지만, 퀴어 당사자들도 나에게 시비를 걸곤 했다. "고작 남자 아이돌이나 좋아하고 알페스나 하는 주제에 지가 대단한 인권운동하는 줄 안다"라는 말을 자주 들었다. 내가 어떤 삶을 살아왔고, 활동가로서의 정체성을 빼면 남는 게 없을 나의 20대를 일일이 그들에게 설명하는 것은 피곤한 일이었다. "레즈비언이라면서 왜 남자 아이돌을 좋아해? 기분 나쁘다" "여성 아이돌을 덕질하는 것이 진정한 레즈비언이고 너는 아니다"라는 일부 레즈비언들의 말. "너는 남자 아이돌을 좋아하고 동경하다가 돌아버린 것일 뿐이지 '진짜 트랜스젠더'는 아니다"라는 일부 트랜스젠더들의 말. 이제 이런 시비들에 대해서는 그만 말하고 싶다. 그 대신 나는 그들에게 나의 답을 써서 보내고 싶었다. 나의 맥락과 주장이 얼마나 이상하게 읽힐지 나도 대충은 안다. 어쩌면 내가 최선을 다해 열심히 쓰든 그렇지 않든, 나는 오독당하거나 무시당하거나 또 욕을 먹을지도 모른다는 생각도 한다.

2018년 이후 NCT에 대한 관심이 시들해지면서 한동안 내게 '최애 그룹'은 없었다. 케이팝에 대한 탐욕스러운 관심은 여전했지만, 그렇다고 딱히 누구에게 열광하지는 않았다. 아이돌 덕질을 하는 것도 아니고 안 하는 것도 아닌 애매한 상태로 몇 년을 지냈다. 그러던 중 2021년 1월, 나에게 다시 '최애돌'이 찾아왔다. 또 다른 케이팝 남성 아이돌 그룹인 세븐틴이었다(데뷔한 지 꽤 된 그들을 덕질하게 된 것은 그들의 자체 제작 예능인 〈고잉 세븐틴〉*의 퀄리티가 전성기의 〈무한도전〉을 생각나게 할 정도였기 때문이었는데, 이에 관한 이야기는 주제에서 너무 벗어난 것이라 생략한다). 사랑을 오래 쉬었던 이들에게 갑자기 새로운 사랑이 다가왔을 때 흔히 그러하듯, 나는 내적 갈등을 잠시 겪다가 세븐틴 알페스 계정을 따로 팠다. 계정을 파서 즐겁게 놀면서도, '여기서도 내가 NCT판에서 하던 것처럼 퀴어적인 해석을 하며 놀 수 있을까?' 하는 걱정도 했다(이미 물 흐르듯 자연스럽게 "누구누구는 부치다", "누구는 펨 같고 누구는 섭 같다" 하는 말들을 줄줄 내뱉고 있었으면서 말이다!). 퀴어한 알페스를 했다는 이유로 공격받았던 것에 대한 상처가 남아 있었던 셈이다.

그런데 그때, 익명의 어떤 이가 보내준 페잉** 메시지가 내게 큰 힘이 되었다. 2018년에 내가 '미미'라는 필명으로 쓴 NCT 퀴어페스를 읽으며 세븐틴의 퀴어페스도 있었으면 했는데, 몇 년 뒤 내가 세븐틴 알페스를 쓰게 된 것을 보니 반갑다는 내용이었다. 이 사람은 세븐틴의 데뷔 때부터의 팬으로, 자신은 세븐틴의 데뷔 초에 모 멤버는 MTF로, 모 멤버는 FTM으로 혼자 열심히 상상하며 '소비'하곤 했다는 것이다(물론 이 두 멤버가 실제로 스스로를 트랜스젠더퀴어라고 밝힌 적은 없다).

---

*   유튜브에 올라오는 세븐틴의 자체 제작 영상 콘텐츠.

**   Peing, 질문과 대답을 주고받을 수 있는 트위터 기반의 서비스.

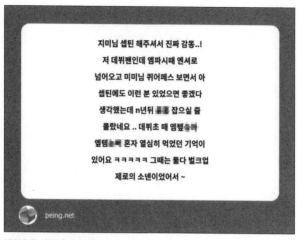

지미님 셉틴 해주셔서 진짜 감동..!
저 데뷔팬인데 엠파시때 엔셔로
넘어오고 미미님 퀴어페스 보면서 아
셉틴에도 이런 분 있었으면 좋겠다
생각했는데 n년뒤 ██ 잡으실 줄
몰랐네요 .. 데뷔초 때 엠뗌██
엘뎀██ 혼자 열심히 먹었던 기억이
있어요 ㅋㅋㅋㅋㅋ 그때는 둘다 벌크업
제로의 소넨이었어서 ~

peing.net

페잉으로 내게 왔던 질문.

　　나는 크게 감명을 받았다. 세븐틴의 퀴어 팬이 많
다는 것을 잘 알고는 있었다. 아이돌 퀴어 팬들을 인터
뷰했던 프로젝트를 함께할 때 세븐틴의 퀴어 팬덤과도
접촉해 이메일 인터뷰를 하기도 했고, 개인적으로 만
났던 NCT판의 퀴어 중에도 세븐틴 덕질을 하다가 넘
어온 사람들이 정말 많았기 때문이다. 하지만 퀴어라고
해서 반드시 다른 퀴어에게 호의적이지는 않기 때문에
조금은 두려움이 있었는데, 이 페잉 질문 덕분에 내가
겁을 집어먹든 말든 어쨌거나 누군가는 이런 것, 즉 어
떤 트랜스젠더퀴어적 해석 같은 것을 강렬히 원하고 있
다는 사실을 깨달았다. 결국 나는 나와 비슷한 이들과
다시 함께 즐겁게 놀고 있다.

나는 누군가가 어떠한 것을 욕망할 때, 그 누군가가 소수자·당사자일 때가 많다고 해서 모든 것을 용서받을 수 있다고 말하고 싶지 않다. 당사자성으로 용서를 받는 데는 한계가 있고(이에 대해서는 〈나는 왜 퀴어페스를 썼나〉를 참고하자), 오히려 비당사자성에 주목하는 것이 중요하기도 하다(이 내용은 〈'레즈비언 정상성'에 집착하는 이들에 대하여〉에서 더 자세히 다뤘다). 어쩌면 나의 모든 말은 공정함과 정치적 올바름 따위는 없는 지저분한 케이팝 아이돌 산업에 공모하는 더러운 말이 될 수도 있고, 안 그래도 힘든 삶을 살아갈 누군가를 더 힘들게 할 헛소리가 될 수도 있다는 것을 잘 안다. 아무리 내가 뻔뻔해지려 노력해도 그러한 죄의식을 완전히 지울 수는 없다.

죄의식을 버리자는 이야기는 아니다. 어떤 이들의 욕망은 때때로 파괴적이며, 누군가에게는 공격적이고, 누군가에게는 백래시일 것이며, 누군가에게는 누군가를 배제하는 것일 테고, 누군가에게는 자신의 트라우마를 되살리는 나쁜 짓일 것이다. 하지만 그 욕망들은 정말로, 존재한다. 욕망을 가진 이들이 기득권에 속할수록 혹은 기득권의 욕망에 가까울수록 그 욕망은 자연스러운 것으로 인정받고, 기득권에서 벗어난 이의 욕망은 더욱 비판받는 경향이 있다. 여성과 비남성의 문화인 알페스, 그리고 그 알페스의 기묘한 한 갈래인 퀴어페스에 대한 비판이 거세진 데는 그런 이유가 분명히 존재한다고 본다.

나는 욕망에 대해서 말하려고 한다. 이 책은 결국 나의 욕망이 담긴 책이 될 것이다. 나의 욕망, 트랜스젠더퀴어 젠더플루이드 동성애자인 나의 욕망을 설명하고 이해받고자 하는 욕망이 담긴 글이 될 것이다. 그래서 이 글들은 매우 개인적인 것으로 읽힐 수도 있다. 어쩌면 어떤 이들은 이 글들을 전혀 이해하지 못할지도 모르고, 처음부터 끝까지 전부 동의하지 않는다고 말할지도 모른다. 하지만 어떤 이들은 분명 공감하고 이해할 수 있을 것이다. 적어도 '흥미로운 개소리'라고 생각할 수는 있을 것이다. 그렇게 믿는다.

처음 이 글들을 쓸 무렵에는 출판을 할 생각까지는 없었다. '지미집캡' 메일링 서비스를 신청한 126명에게만 선물하는 글이라고 생각했다. 출판을 고려해보라는 주변의 말에도 너무 괴상한 소리를 쓴 것 같아 출판이 어렵지 않을까 고민했다. 고민 끝에 《퀴어돌로지》의 출판사인 오월의봄에 원고를 보냈고, 흔쾌히 책을 만들어보자고 말씀해주신 이정신 편집자께 너무나 감사드린다. 정말 감히 낙관적인 기대를 한다면, 매우 사적이고 개인적이며 굉장히 트랜스젠더퀴어적이고 레즈비언적인 이야기였기에 저자인 케이트 본스타인Kate

Bornstein 또한 큰 성공을 기대하지 않고 썼다는 책인《젠더 무법자》가 놀랍게도 세계적으로 퀴어들에게 사랑을 받은 것처럼, 이 책 또한《젠더 무법자》만큼은 아니더라도 어느 정도 성공을 할 수 있을지 않을까. 알페스 연구나 퀴어적 재해석에 대한 연구, 혹은 미친 여성/비남성 괴물들에 대한 연구에 흥미로운 도움이 될 수도 있을 것이다. 반대로 조금 비관적인 예상도 해볼 수 있겠다. 이 책은 비웃음거리가 되거나, 책의 일부가 트위터 등에 파편으로 올려져 어떤 빌미로든 조리돌림의 대상이 되거나, 아니면 그냥 무시당하고 듣도 보도 못한 것이 될지도 모른다.

아무튼 나는 이 모든 과정을 함께해준 수많은 이들께 감사를 보내며, 어떤 결과가 되든 나는 받아들일 것이다. 받아들일 수밖에 없을 것이다.

1부

케이팝, 팬덤, 알페스,
그리고 퀴어

팬픽으로 퀴어를 배우는 건 안 되는 걸까: 팬픽과 퀴어의 관계성 탐구

팬픽, 그리고 퀴어

팬픽fanfic은 '팬fan'과 '픽션fiction'의 합성어인 '팬픽션'의 약칭으로, 팬들이 창작해내는 픽션을 의미한다. 팬픽은 나름의 특색을 지닌 하위문화 장르로서 만화, 애니메이션, 드라마, 영화, 뮤지컬 등 무궁무진한 장르의 팬들이 팬픽을 창작하고 향유할 수 있으며 실제로도 상상 이상의 다양한 장르에서 팬픽이 만들어지고 있다. 그렇지만 대체로 국내에서 '팬픽'이라고 말하면 아이돌과 같은 연예인을 대상으로 한 팬픽을 가장 먼저 떠올릴 것이다. 한국에서는 1995년 H.O.T.의 데뷔 후 그들의 팬픽을 창작하고 소비하는 것이 유행하면서 팬픽 문화가 본격적으로 알려졌고, 2020년대인 지금도 국내 팬픽은 아이돌을 대상으로 한 팬픽이 여전히 주류를 차지하고 있다. 이러한 지점은 〈스타트렉Star Trek〉의 진원지인 미국을 비롯한 영어권 팬픽이 주로 TV 시리즈를 기반으로 발달해왔고, 일본의 팬픽 중 상당수가 만화나 애니메이션을 대상으로 하는 것과는 다른 부분으로, 한국 팬픽 문화의 특징이라고 할 수 있다.* 이 글에서 지칭하는 팬픽은 한국의 아이돌 팬픽으로, 나는 여기에서 '어떠한 아이돌 그룹을 공유재로 삼아 하나의 허구적 대중문학의 형태로 발전시킨 후 이를 향유하는 독자적인 메커니즘'을 중심으로 팬픽을 이야기하고자 한다.

한국에서 팬픽은 등장부터 퀴어와 함께해왔다. H.O.T.의 데뷔 후 팬픽이 유행하면서, 팬픽과 함께 '팬픽이반'이라는 존재가 더불어 이슈화되었기 때문이다. 당시 많은 여성 청소년 사이에서 남성 아이돌 멤버 간의 동성애를 주제로 한 팬픽을 창작하고 소비하며, 스스로 그러한 팬픽과 유사한 동성애적 실천을 하는 것이 유행하기 시작했고, 이러한 유행을 따르는 자들은 (그들이 '레즈비언'이나 '동성애자' 등의 퀴어 용어로 스스로의 성정체성을 정의했는지 여부와 상관없이) '팬픽이반'으로 불렸다.

팬픽이반은 주류 문화 속에서 탄압받았다. 뉴스

---

*　김남옥·석승혜, 〈그녀들만의 음지문화, 아이돌 팬픽〉, 《Journal of Korean Culture》 제37호, 2017 참조.

나 공중파 TV의 르포 프로그램에서는 팬픽이반을 여성 청소년 사이에서 유행하는 일탈·탈선 현상으로 다루기도 했고,** 일선의 중·고등학교에서는 교사들이 팬픽이반으로 의심되는 학생들을 단속했다. 여학생 사이의 스킨십이나 머리가 짧은 여학생은 제재와 벌점의 대상이 되는 등 팬픽이반스러운 이들을 단속하는 소위 '이반 검열'이 있었다. 팬픽이반을 탄압한 것은 주류 문화만이 아니었다. 기존 레즈비언 문화에서도 팬픽이반은 배척당했다. 당시 레즈비언 커뮤니티에서는 팬픽이반이 '진짜 레즈비언'이 아니라, 단지 남성 아이돌이 동성애를 하는 팬픽을 보고 흉내 내는 가짜일 뿐이고, 그렇지 않은 이들이 '진정한 레즈비언'이라고 여기는 정서를 공유하며 팬픽이반을 혐오했다.*** 주류 문화와 레즈비언 문화 모두의 배척을 받으며 '팬픽이반 같아 보이는 이들'은 시대가 지날수록 눈에 띄지 않게 되었고, 따라서 '팬픽이반'이라는 단어 자체가 2000년대 중·후반 무렵부터는 유행이 지난 것으로 취급받았다.

하지만 사회적 탄압 때문에 팬픽이반임을 자처하거나 티 내지 않았을 뿐, 2000년대 중·후반이든 지금

** SBS, "10대 동성애의 두 얼굴", 〈그것이 알고 싶다〉, SBS, 2002년 10월 26일 방영.

*** 권지미, 〈'남성 아이돌을 사랑하는 레즈비언'을 위한 변론〉, 《퀴어 돌로지》, 스큅 외 지음, 오월의봄, 2021, 91쪽 참조.

이든, 케이팝 아이돌의 팬픽을 향유하는 팬 중에는 퀴어한 이들이 많다. 어떤 사람들은 "퀴어는 어디에나 있으니 당연히 팬픽을 향유하는 이들 중에도 퀴어가 있는 것뿐"이라고 할지도 모른다. 어느 정도 맞는 말일 수도 있다. 1990년대 후반과 2000년대 초반에 팬픽이반이 붐이었다고 해도 그 수가 얼마나 되었을지는 아무도 모르고, 사실 모두의 예상보다는 소수였을지도 모른다. 지금까지 내가 만난 팬픽러(팬픽을 향유하는 이들)의 퀴어 비율은 꽤 높았지만, 이것은 내가 퀴어이기 때문에 '끼리끼리 모여 놀다 보니' 그렇게 된 것일 수도 있다.

　아이돌 팬픽을 창작하고 소비하는 알페스 팬덤 내부에는 같은 아이돌을 대상으로 하는 팬덤이라도 기대나 욕망, 취향을 달리하는 다양한 개인이 존재한다. 팬덤은 매우 복잡한 지형을 이루고 있다. 동일한 아이돌 팬덤 안에서도 서로 다른 특정 멤버를 좋아할 수 있고, 동일한 아이돌 알페스 팬덤에서도 서로 다른 '커플링(요즘은 'CP'라고 줄여 부르는 경우가 많다)'을 응원할 수 있으며, 특정 '커플링'을 지지하는 팬덤 사이에서도 서로 다른 '캐해석(캐릭터 해석)'을 할 수 있다. 지지하는 알페스 '커플링'이 다르거나 '캐해석'이 다른 이들과는 같은 팬덤에 속해 있더라도 "서로 겸상도 하지 않는다"라고 할 정도로 팬덤 내에서 그룹이 나뉘어 있다. 이들은 서로 교류가 적고, 사이가 좋지 않은 경우도 무척 많다. 지금까지 내가 속했던, 내게 익숙한 알페스 팬덤 안에는 많은 퀴어가 있었지만, 내가 속하지 않은, 내게 낯선 팬덤 안의 다른 무리에서는 비非퀴어들이 더 많을 수도 있고, 그들이 팬덤 내에서 훨씬 메이저할지도 모른다. 내가 적은 수의 퀴어를 과잉대표하는 것일 수도 있다.

이쯤에서 (새삼스럽게 느껴질 수 있지만) '퀴어'의 정의를 한번 이야기해보자. 퀴어queer란 원래 '이상한' '괴상한'을 뜻하는 단어로, 예전에는 동성애자와 같은 성소수자를 모욕하는 단어로 쓰였다. 그러나 성소수자 인권운동가들은 관습적인 정체성을 대체하고 모든 성적 가능성을 아우르는 말로 '퀴어'라는 단어를 새롭게 전유했다. 새롭게 전유된 '퀴어'라는 단어에는 불특정성이라는 특이점이 있는데, 즉 맥락에 따라 이 단어가 다양한 의미를 나타낼 수 있다는 뜻이다. 대체로 "나는 퀴어다"라고 말하면 그 말을 한국 퀴어판에서는 대충 "나는 성소수자다"와 같은 말로 치부하고, "이 영화는 퀴어영화다"라고 말하면 그 말을 대충 "이 영화에는 성소수자가 나온다" 정도로 이해해버리는 경향이 있지만, '퀴어'란 성소수자 전반을 가리키는 편리한 약칭 그 이상의 의미를 가질 수도 있다는 것이다.

퀴어 이론에서는 '퀴어'를 '섹스, 젠더, 섹슈얼리티에 관해 이분법적이고 위계적인 추론을 피하는 것'으로 여기고 있으며, 반드시 성적인 것을 다룰 때만 '퀴어'라는 단어를 붙이는 것도 아니다. 퀴어 이론에서는 어떠한 것이 그 자신의 장르 또는 분류의 일반적인 규범에 맞지 않으면서도 동시에 그 장르 또는 분류의 일부가 되어 있는 경우를 '퀴어하다'라고 표현하기도 한다. 설명을 들을수록 '퀴어'라는 것이 너무나 모호하다거나 이해할 수 없는 것이라고 느낄 수도 있다. 사회학자 이나영은 "퀴어를 딱 잘라 정의하기 어렵고 그것이 퀴어 자체의 특징이기도 하다"라고 말한 바 있다.* 퀴어가 무엇인지 모호하고 이해할 수 없다고 느껴진다면, 그건 퀴어를 꽤 잘 이해하고 있다는 의미일 수 있다.

사람은 누구나 자신을 의식하며 살아간다. 특히 자신의 특이한, 소위 '튀는' 부분에 대해서는 더더욱 집중해서 의식하며 살아간다. 사람들은 자신이 남들과 너무 다르게 보일까봐, 또는 자신이 남들과 너무 똑같아 보일까봐 신경을 쓴다. 너무 독특해지는 것도, 너무 평범해지는 것도 두려워한다. 사람들은 자신이 적당히 평균적이면서도 완전히 평균적인 것보다는 조금 더 나은 존재가 되기를 바란다. 그런데 퀴어는, 그러한 모든 소망에서 어긋난 존재다. 퀴어는 이상하다. 퀴어는 괴상

---

* 우연수, 〈'급진적인 변태들'의 정치학, 퀴어 이론〉, 《성대신문》, 2018년 11월 5일 자.

하다. 퀴어는 변태다. 퀴어는 뭔지 모르겠고 아무튼 이해가 안 간다. 퀴어는 결국, 그런 것들이다. 그래서 많은 퀴어에게는 '보통 사람'에 비해 자신에게 깊이 몰두해버리는 경향이 있다. 남과 다른, 자신의 '퀴어한' 부분을 떠올리고 그 생각들을 되새김질하며 자신이 '퀴어'임을 인식한다. 자신의 독특성을 의식하고 고찰하는 것, 그것이 곧 '자신'이 되는 행위이기도 한 것이다.

퀴어가 아닌 비非퀴어, 다수 집단은 퀴어, 소수 집단의 이러한 모습을 지나치게 독특성에 몰두하는 것으로 보고, 그들의 행동이나 생각이 과민하다고 느낄 수도 있다. 어쩌면 당혹스러울 수도 있다. 하지만, 어쩔 수 없다. 나는 퀴어로서, 퀴어하게 보이는 것들에 대해 생각하고 몰두해서 고찰한다. 내 눈에 팬픽과 팬픽의 향유자들은 충분히 퀴어해 보인다. '팬픽'과 '퀴어'의 연관성은 너무도 충분해 보인다.

팬픽으로 퀴어를 배운다?

아이돌 팬픽은 주로 동성애적 서사를 다룬다. 팬픽은 대부분 아이돌 특정 멤버들을 픽션의 주인공으로 삼아 이들을 커플링해 동성애 서사를 구성한다. 팬픽이 등장했던 초기부터 그랬던 것은 아닌데, H.O.T. 팬픽이

나오던 PC통신 시절 팬픽 유행의 초창기에는 단순히 아이돌 멤버의 실명을 주인공으로 등장시킨 허구적 서사가 많았다. 아이돌 멤버와 다른 이성(이 이성은 완전히 창작된 허구적 인물이거나, 이성 연예인의 이름과 서사를 빌려온 캐릭터였다)과의 관계를 다루는 '이성 팬픽'이나 아이돌 멤버 간의 우정을 다루는 '우정 팬픽'이 주를 이루기도 했다. 하지만 점차 동성애 서사가 아이돌 팬픽 서사의 핵심적인 특징으로 자리 잡게 되었다. 오늘날에도 '이성 팬픽'을 쓰는 사람이 있지만, 팬픽 시장 밖에서 이성애가 당연하게 주를 이루는 것과는 정반대로, 그들은 적어도 아이돌 알페스 팬픽판에서는 소수다.*

그런데 아이돌 팬픽에서 동성애 서사가 주를 이루는 현상은 지극히 이성애적 욕망으로 분석되곤 한다. 즉, 팬픽을 소비하는 이들이 이성애자 여성이므로, 이들이 '우리 오빠(아이돌 멤버)가 여자를 만난다니 참을 수 없다. 픽션이라 해도 질투심이 든다. 차라리 우리 오빠끼리 사귀었으면 좋겠다' 같은 마음으로 남성 동성애 서사를 쓰고 소비하게 되었다는 것이다. 하지만 그 분석이 팬픽을 소비하는 모든 이들에게 들어맞지는 않는다. 팬픽을 소비하는 모든 사람이 이성애자 여성은 아니며, 이성애자 여성이라고 해서 반드시 이성애적 욕망을 담아 팬픽을 소비하는 것은 아니다. 그뿐만 아니라 여성 아이돌을 대상으로 동성애 서사 팬픽을 생산

하고 소비하는 이들에게도 그것은 들어맞지 않는 분석
이다.

　영미권 로맨스 소설의 독자를 연구한 제니스 래드
웨이Janis Radway는 여성들이 로맨스를 읽는 것은 가부장
제로부터 해방되어 일시적인 행복과 정서적 구원을 얻

＊　어떤 이들은 팬픽이 유행했던 초창기의 '이성 팬픽'이 현재의 '빙
　의글', '나페스' 등으로 이어졌다고 한다. 하지만 상대방인 아이돌
　멤버 외에 이성이 존재해야 하는 자리를 모호하게 비워두고 읽
　는 누구라도 아이돌 멤버와의 연애에 몰입할 수 있도록 하는 빙
　의글 등은 팬픽션의 한 종류로 볼 수 있지만 이성 캐릭터가 창작
　되어 나름의 캐릭터성과 서사를 가지는 이성 팬픽과는 큰 차이가
　있다. 또한 빙의글 등은 마치 연애 시뮬레이션 게임처럼 하나의
　모델을 이용해 마치 실제 연애를 재현해 그것을 체험하고자 하
　는 면, 즉 시뮬레이션적인 면이 강하고 소설의 형태를 띤 이성 팬
　픽보다 훨씬 실용적인 면모가 있다. 이성 팬픽에는 오토코리스로
　맨틱autochorisromantic적인 면이 있는 반면(오토코리스로맨틱이
　란 무주체적 연정을 뜻하는 말로, 로맨틱한 것을 즐기지만 자신
　과 연정의 대상 혹은 판타지가 단절되어 있는 것을 의미한다), 빙
　의글 등은 논오토코리스로맨틱non-autochorisromantic적이라고도
　볼 수 있다. 한편 나페스란 알페스라는 용어에 '나'라는 주체를 삽
　입한 단어로, '나'와 해당 아이돌 간의 로맨스 및 관계성을 다루는
　장르다. 빙의글에 비해 '나'라는 주체가 강조되어, '나'의 특성과
　개성을 일부 삽입해 특이성을 자아내곤 한다. 단순히 창작자 단
　한 명의 만족을 위한 글이 대부분이기에, 개그적인 밈을 활용한
　글이 아닌 이상 대중적 호응은 얻지 못하는 경우가 많다. 나페스
　는 빙의글보다도 더 실용성이 강하며, 극단적인 논오토코리스로
　맨틱적 콘텐츠다. 이런 결정적 차이들로 인해 빙의글, 나페스 등
　은 이성 팬픽의 직속 후계자, 적장자로 보기에는 다소 무리가 있
　어 보인다.

기 위해서라고 설명한다. 여성 독자들에게 로맨스 소설은 오롯이 자신만을 위한 시공간에 몰입할 수 있는 도피처이며, 가부장적 현실을 부정할 수 있는 합법적인 방법이라는 것이다.* 나는 팬픽을 읽는 것 역시 이와 유사하게 해석될 수 있다고 본다. 이성애 서사가 중심이 되는 팬픽 시장 밖과는 다르게, 동성애 서사가 중심이 되는 팬픽을 읽으며 어떤 이들은 이성애중심주의로부터 해방되어 일시적인 행복과 정서적 구원을 느낄 수 있다. 어떤 독자들에게 팬픽은 오롯이 자신만을 위한 시공간에 몰입할 수 있는 도피처일 수 있고, 이는 이성애중심주의적 현실을 부정할 수 있는 (비교적) 합법적인 방법일 수 있다. 설령 팬픽을 읽는 이가 시스젠더 이성애자라도, 지나치게 융통성 없는 이성애중심적인 현실세계에서 성별규범과 성애에 대한 답답함과 불만을 느낄 수 있으며, 그러한 답답함과 불만을 동성애를 다룬 팬픽으로 풀 수도 있다. 그/그녀가 읽고 쓰는 팬픽이 만약에 그저 이성애의 유해한 지점들을 따라 한 것 같은 '빻은' 팬픽일지라도, 어쨌거나 그것은 이성 간의 사랑과 연대를 다루지 않는 것으로, 분명 '규범적인 이성애 서사'는 아니다. 사회적으로 금기시된 동성애적

---

* 　허윤, 〈한없이 투명하지만은 않은 〈블루〉〉, 《원본 없는 판타지》, 오혜진 외 지음, 후마니타스, 2020 참조.

헐 퀴어 존재 팬픽으로 안 거
ㄹㅇ...팬픽읽기전엔 세상 헤테로여씀

퀴어의 존재를 팬픽으로 알았다고 하는 트윗. "팬픽읽기전엔 세상
헤테로여씀"이라고 쓴 것을 보면 이 트윗을 쓴 이가 퀴어임을 알 수 있다.
"퀴어" "팬픽"을 함께 검색하면 더 많은 결과를 확인할 수 있다.

서사를 적극적으로 생산하고 유통하는 것이 지극히 이
성애적인 욕망에서만 비롯된다는 분석은 정말이지 지
극히 이성애적인 해석이다.

  많은 퀴어들이 팬픽을 읽고, 팬픽의 동성애적 서
사를 즐긴다. 그리고 많은 퀴어들이 자신이 난생 처음
으로 접한 퀴어적 콘텐츠가 '팬픽'이었다고, 팬픽으로
'퀴어'를 알게 되었다고 이야기를 하곤 한다.

알페스 문화나 그런 부분 때문에 또래 친구들이
동성애라든가 퀴어를 일찍 알게 되는 건 있어요.
저 같은 경우는 초6 때 친구가 팬픽을 알려줬어
요. (처음 본 팬픽이 뭔가요?) ○○(그룹명) ○○(커플
링명) ○○○(팬픽 제목)요. 엄청 야한 글인데 그걸
로 처음 팬픽을 접했어요. 그 친구도 알고 보니까
더 어릴 때부터 자기가 퀴어인 걸 알고 있었더라
구요. 정확히는 모르겠지만 미디어의 영향 아닐

까요.

—〈NCT QUEER 케이팝 퀴어팬덤 인터뷰〉(2018) 중

B(익명) 님의 인터뷰

퀴어의 존재를 팬픽으로 알았다는 트윗들과 이 인터뷰 자료를 보면, 퀴어가 팬픽으로 퀴어를 알게 되고 배우는 것이 그리 드물지 않은 일이라는 것을 알 수 있다. 한국 사회는 이성애중심주의가 무척 강하고, 공중파 TV 같은 주류 미디어에서는 퀴어를 혐오하는 세력의 눈치를 보며 퀴어서사를 제대로 다루는 것을 두려워한다. 커밍아웃한 유명 연예인마저도 몇십 년째 홍석천 단 한 명뿐이다. 이런 사회에서 가장 가깝고 편리하게 접근할 수 있는 퀴어적 콘텐츠 중 하나가 팬픽일 수 있다. 팬픽이 실제 동성애자 및 성소수자의 삶과 멀리 떨어져 있고, 지나치게 대상화되었으며, 질 낮은 포르노그래피에 가까운 것일지라도, 그것이 그나마 (특히 여성 청소년들에게?) 접근 가능성이 높은, 한국어로 쓰인 한국인들의 동성애 및 퀴어 이야기일 수 있다. 어떤 이들에게는 이 사실이 무척 비극적일지도 모른다. '얼마나 볼 게 없고 소비할 것이 없으면 그런 질 낮은 것을 보고 배우게 되다니!' 어떤 이들은 팬픽을 보고 퀴어를 배우게 되면 여러 악효과가 나타난다는 주장까지 한다.

이들이 주장하는 악효과 가운데 가장 대표적인 이

야기는 바로 이것이다. "비퀴어들, 주로 '시스젠더 이성애자 여성'들이 팬픽만 보고 퀴어의 삶을 오해한다." 2020년에 게이혐오자로 추정되는 여성이 게이클럽이 자신이 상상했던 모습과 너무 달랐다며 게이클럽에 대한 혐오 발언을 트위터상에 남겼고, 그 트윗이 1,700여 회 이상 리트윗이 된 적이 있다.* 그런데 이 트윗이 회자가 되며 "그 사람이 팬픽을 너무 많이 봐서 그렇다" "그러니 팬픽으로 퀴어를 배우지 말자"라는 식의 트윗이 연달아 많이 작성되었다.** 실제로 게이클럽에 대한 혐오 트윗을 쓴 사람이 팬픽을 읽었거나, 팬픽으로 게이나 퀴어를 배웠다고 쓴 내용은 없었다. 퀴어에 대한 왜곡된 시선을 가진 사람을 두고 (특히 그 사람이 '시스젠더 이성애자 여성'으로 추측되는 경우) '팬픽을 보고 퀴어를 배워서 저렇다'라고 인식하는 경향이 있는 것이다. 팬픽에서 동성애자의 삶을 주로 낭만적으로 다루기 때문에 "시스젠더 이성애자 여성들이 팬픽을 보고 동성

---

*   지금은 삭제된 것으로 보이나, 이런 내용이 담겨 있었다. "탑들은 앉아있고 바텀들이 각자 집에서 방문닫고 맹연습 해온 안무 무대에서 춤…. 뭔 간택타임. 탑을 위해 매력발산……우욱….." "1등부터 원하는 탑이랑 같은 자리에 앉는거임. 좆같은 룰이긴 하지만 어차피 그들은 이미 좆들이니까. [중략] 왜이러고살아."

**   예를 들면, "팬픽으로 퀴어 배운애들이 씹탑 ㅇㅈㄹ(이지랄)할때마다 얼굴 붉어짐" "진짜레즈들이 섹뜰때(섹스할 때) 공수정하는줄아나봄" 같은 트윗들이 작성되었다.

애자를 왜곡적으로 인식한다"라는 불만 또한 자주 제기된다.

이러한 담론은 '팬픽을 주로 소비하는 것은 시스젠더 이성애자 여성'이라는 인식을 밑바탕에 깔고 있는데, 이는 당연하게도 사실이 아니다. 팬픽을 소비하는 이들 중에는 퀴어도 많다. 그리고 시스젠더 이성애자 여성이라고 해서 모두 팬픽을 소비하지도 않고, 팬픽에서만 '동성애자에 대한 왜곡된 인식'이 나오는 것도 아니다. 물론 팬픽을 보는 이들이 동성애자를 비롯한 퀴어 당사자 전반에 대해 왜곡된 인식을 가질 수 있다는 것은 현실적 비판일 수 있다. 팬픽에 등장하는 인물들은 실제의 퀴어와는 거리가 있어 보이며, 그저 비퀴어들의 상상 속에서 만들어낸 판타지적인 존재에 가까워 보이기도 하기 때문이다.

그런데, 팬픽에서 등장하는 인물들은 실제의 퀴어와 정확히, 어떻게 다른가? "팬픽으로 퀴어 배운 애들이 '씹탑' 같은 말을 할 때 얼굴이 붉어진다" "진짜 레즈비언들이 섹스할 때 공수를 정하는 줄 아나 보다" 같은 말을 하는 이들은 그 '다른' 지점을 용어 사용에서 짚어낸다. '공·수'라는 말이나 '씹탑' 같은 말은 팬픽에서나 등장하는 용어일 뿐, 실제 퀴어의 삶과는 동떨어진다는 지적이다. 그러나 '실제 퀴어의 삶'이라는 것도 얼마나 모호한가? 어떤 이가 퀴어로 정체화를 했다면 그 삶은 어떤 삶이든 '퀴어의 삶'이겠지만, 만약 그의 생활패턴 등이 한없이 비퀴어 같다면, 즉 소속된 집단, 자신이 편안해하는 집단이 비퀴어 집단에 가깝다면, 그래도 그것은 '퀴어의 삶'이라고 부를 수 있을까? 스스로를 퀴어로 전혀 정체화하지 않았지만, 생활패턴이 한없이 친퀴어적이고, 소속 집단 또한 퀴어 집단에 가까운 이의 삶이라면? 그것은 완전한 '비퀴어의 삶'일까?

퀴어와 비퀴어를 어떻게 구분할 수 있을지 등에 대한 근본적 의문은 일단 둘째 치고서, 내가 목격한 퀴어들에 대해서 이야기해보자면, 자신을 레즈비언이라고 정체화하고도 레즈비언 커뮤니티에 소속감을 느끼지 않거나, 아예 그곳에 자신이 소속되어야 할 필요성을 별로 느끼지 못하거나, 아직 레즈비언 커뮤니티를 잘 몰라서 그곳에서 주로 쓰이는 말을 전혀 모르는 레즈비언도 꽤 많았다. 그들은 '부치' '펨' 등의 기본적인 용어조차 모르고 '남자 역할' '여자 역할' 등의 표현을 쓰거나, 내가 처음 들어보는 낯선 독자적인 표현으로 자신이나 자신의 파트너를 표현하기도 했다.

나는 '실제의 퀴어'를 '실제의 퀴어답게' 묘사하는 것이 어떻게 가능하다고 여겨지는지 고민해보고 싶다. 어떤 단어들이 퀴어의 단어들일까? 우리는 어째서 그렇게 느낄까? 그리고 어쩌면 어떤 퀴어들은 정말로 '팬 픽처럼' 섹스할 수도 있다. 그게 불가능하다고 여겨진다면, 어째서 그렇게 생각하게 되는 것일까? 일본의 BL 연구자 미조구치 아키코溝口彰子는 "'진짜 게이 섹스'를 누가 알고 있는가"에 대해 말하면서, "애초부터 성애는 판타지이므로 과장된 판타지가 어떤 표상을 통해 실제 판타지를 구축해 나가는 것 그 이상도 그 이하도 아닙니다"라는 말을 하기도 했다.[*] 섹스는 판타지이고, 판타지와 표상, 현실의 경계는 모호하며 분명 불가해한 부분이 있다. 진짜 퀴어의 섹스는 누가 알고 있는가? 퀴어 '당사자'는 그것을 알고 있는가? 우리는 어떠한 섹스를 '진짜 퀴어들의 섹스'로 규정하고 인식하는가? 그것을 규정하고 인식하는 권한은 누구에게 주어져 있는가?

그리고 팬픽을 읽은 사람이 정말로 퀴어에 대한 어떤 '왜곡된 인식'을 하게 되었다 한들, 팬픽의 판타지에 그 잘못이 있는 건 아니다. 본질적으로 '그나마 퀴어한 것이 팬픽밖에 없는' 이성애중심적인 사회구조, 퀴어적인 것을 취급하지 않으려 하는 매스미디어, 성소수자를 비가시화하는 사회적 분위기의 잘못이다. 많은 이들이 말도 안 되는 판타지로 가득한 이성애 로맨스 소설을 읽고 '실제의 이성애'와는 다른 '판타지적 이성애'

---

[*]   김효진, 〈'당사자됨'을 구성하기: BL이 우리에게 가르쳐 주는 것〉, 2020 퀴어돌로지 세미나, 2020.

를 학습한다. 하지만 이 세상에는 '판타지적 이성애'뿐 아니라 '실제의 이성애'에 대한 교본이 넘쳐나기 때문에, '판타지적 이성애' 서사를 즐기는 이들은 그것만이 전부가 아니라는 것을 알기 쉽다. 하지만 '판타지적 퀴어'의 서사를 즐기는 이들이 '실제 퀴어'에 대한 교본에 접근하기는 어려울 수 있다.

사실 퀴어 당사자조차도 퀴어에 대한 올바르고 바람직한 어떤 교본에 접근하는 데 무척 어려움을 느낀다. 올바르고 바람직한 교본이 있다 해도 그것은 이미 모든 것을 통달한 단계의 퀴어에게나 가까이 있을 테고, 혼란을 겪는 중인 '초보 퀴어'에게는 심적으로든 물리적으로든 너무나 멀리 있을 것이다. 애초에 초보 퀴어들에게 그런 교본이 주어질 가능성이 있기는 한 것일까? 퀴어에 대한 콘텐츠가 아주 많아지면 자연스럽게 어떤 바람직한 교본이 생겨나고, 그러면 모든 문제가 해결될 수 있을까? 그런데 지금 당장 그러한 교본이 없는 건 어떡하나? 그리고 퀴어에 대한 '바람직한 교본'이 생겨날 수 있기는 한 걸까?

하지만 어쨌든, 팬픽을 읽는 퀴어들: '청개구리'들

팬픽 및 알페스 팬덤에서 이루어지는 놀이는 '떡

밥놀이'다. 아이돌 멤버들 간의 관계성이 드러나는 실제 아이돌 멤버의 특정한 행동과 발언을 일명 '떡밥'이라고 하는데(2차 창작의 기반이 된다는 의미에서 이를 '1차'라고도 부른다), 팬픽이나 알페스는 이 떡밥에 상상력을 덧붙이는 떡밥놀이라는 것이다.* 팬픽을 향유하는 이들은 팬픽이 마치 인형놀이 같다고도 한다. 팬픽은 어떤 대상, 어떤 아이돌 멤버를 종이인형처럼 가지고 노는 일종의 '인형놀이'이자 '떡밥놀이' '서사놀이'라는 것이다.

이러한 서사놀이의 역할은 마치 영유아 발달과정에서 놀이가 하는 역할과 유사해 보인다. 영유아는 놀이를 통해 처음 접하는 세상을 안전하게 경험하고 자신의 감정을 인식하고 표현한다. 이와 유사하게 어떤 퀴어는 자신을 퀴어로 정체화하며 자신의 삶과 자신을 구성하는 요소를 재정립하는 데 이러한 서사놀이를 이용할 수도 있다. 본질적으로 팬픽은 어떤 비퀴어적인 것을 좀더 퀴어하게 해석하며 노는 서사놀이이다. 그것이 이성애의 유해함을 모방한 '가짜'라 불릴지라도, 그리고 '실제 퀴어의 삶'과는 멀고 먼 것일지라도, 어떤 퀴어는 그것을 가지고 놀며 무언가를 배울 수도 있다.

---

*　윤소희, 〈팬픽션 퀴어바디즘〉, 《퀴어돌로지》, 스큅 외 지음, 오월의봄, 2021, 165쪽 참조.

유해하고 질 낮은 것, 실제보다는 판타지에 가까워 보이는 것일지라도, 어떤 이들은 그 '가짜' 같은 놀잇감을 가지고 '이런 게 퀴어인가 보다' 하고 배우고 알아간다. 심지어 어떤 퀴어들은 그것이 '판타지'라는 것을 인지하면서도 팬픽을 즐긴다. 팬픽 속의 비이성애적 감정들과 그에 대한 반응들은 단순하고 평면적이고 판타지적이며, 그래서 그것이 퀴어 자신이 속한 세계와는 거리가 좀 멀어 보일 수 있기 때문에 오히려 마음 편히 즐길 수도 있는 것이다. 퀴어혐오가 범람하는 이 시대에, 팬픽이 아닌, 포르노가 아닌, 판타지가 아닌 퀴어물은 보기에 괴로울 수 있다. 학교에서, 직장에서, 가정 내에서, 온갖 곳에서 퀴어혐오를 경험한 뒤 겨우 누운 안락한 침대 위에서조차 퀴어혐오 가득한 '퀴어물'을 보는 것은 너무나 퀴어다운 고통이다. '실제 퀴어의 삶'을 완전히 무시하고 그것을 없는 것으로 취급하는 것은 기만적일 수 있겠지만, 판타지가 아닌 퀴어물을 보며 괴로움을 느끼는 것 또한 실재하는 '퀴어'이며 '실제 퀴어의 삶'일 수 있다.

여기서 잠깐 내 이야기를 해보자면, 내가 난생 처음 접한 '퀴어한 것'은 남성 아이돌 그룹 god의 팬픽이었다. 초등학교 4~5학년 무렵의 나는 처음 '그런 것'을 보고 너무 좋은 나머지 반 친구들에게 "나 이런 걸 봤어!"라고 신나서 이야기를 했는데, 친구들의 반응은

"으엑" "그게 뭐야" "역겨워" 같은 예상치 못한 것이어서 깜짝 놀랐던 기억이 있다. 지금 나의 윤리적 기준으로 보자면, 그 팬픽은 무척 '빻은' 것이기는 했다. '공'이 '수'를 강간하는 것이 당연하고, 소수자혐오적 단어들이 쓰이고, 폭력을 로맨틱한 것으로 여긴달지……. 하지만 어쨌든 그것이 내가 속한 '정상적인' 세계에서는 권해주지 않는, 굉장히 '이상한' 이야기였다는 것은 분명했다. 나는 그 이상한 이야기에 금세 매료되었고, 빠져들었다. 내가 어렸을 때 느꼈던 그 '이상함'이 곧 '퀴어함'이라고 불릴 수 있다는 것은 아주 나중에서야 알았다.

만약에 나 같은 퀴어 어린이, 퀴어 새싹을 위한 모범적인 퀴어 교본 같은 것이 있었다면 나는 그것을 보고 팬픽은 보지 않았을까? BL 연구자인 미조구치 아키코는 "미소년 등이 나오는 BL물을 보면서 사춘기를 보냈기 때문에 사회에 만연하는 호모포비아에 영향받거나 그것을 두려워하지 않고 자신이 레즈비언이라는 사실을 받아들이고 레즈비언이 될 수 있었다"라고 말한 바 있다.* 레즈비언인 그녀에게 좀더 정상적 교본에 가까울 '백합물'을 사춘기에 만났다면, BL 애호가가 되지

---

*   미조구치 아키코, 《BL진화론》, 김효진 옮김, 이미지프레임, 2014, 13쪽.

않고 백합물만을 좋아하는 레즈비언이 되었을 것 같느냐는 질문에 그녀는 이렇게 대답했다. "인생을 되돌아가 다시 시작할 수는 없기 때문에 이 질문에는 대답할 수 없지만 그럴 가능성은 크다. 하지만 지금의 내가 BL 덕분에 레즈비언이 되었다고 느끼고 있고, BL 애호가이자 연구자라는 사실은 변하지 않는다."** 어린 시절 내가 팬픽보다 더 나은 퀴어한 무언가를 읽게 되었다면 나는 분명 그것을 좋아했을 것이다. 어쩌면 그것만을 좋아하는 퀴어가 되었을지도 모른다. 하지만 확신할 수는 없는 일이다. 아마도 나는 더 나은 그것을 보았을 테고, 그것은 나에게 무척 도움이 되고 힘이 되었겠지만, 그렇다고 해서 팬픽 같은 걸 보지 않았을 것이라고 확신할 수는 없다.

아주 많은 퀴어 콘텐츠가 나올 먼 미래(혹은 머지않은 미래)에도 어떤 이들은 팬픽이나 '팬픽 비슷한 것'을 즐기고, 그걸 보며 어떤 퀴어함을 학습할지도 모른다. 나중에 사회적으로 '정상적'이고 '모범적'인 성소수자에 대한 어떤 모델이 잔뜩 생겨나더라도, 어떤 이들은 그러한 '교본'을 보지 않고 따라 하지 않을 것이다. 따라 하지 말라는 것을 보고 따라 하려는, '하면 안 되는' 것을 욕망할 수 있을 것이다. 나는 그러한 욕망 자체가 퀴

**　　미조구치 아키코, 같은 책, 14쪽.

어하다고 생각한다. 하지 좀 말라는 것을 해버리는, 어떤 '청개구리' 같은 심보 자체가 퀴어한 것일 수도 있다. 물론 퀴어의 실제 삶을 그려낸 콘텐츠, 미디어에서 비추는 바람직한 현실의 퀴어들, 건전한 퀴어용 학습만화 같은 것들이 필요 없다는 건 절대 아니다. 그러한 것은 엄청나게 필요하고, 퀴어혐오가 가득한 지금 이 시대에는 꽤 시급하기도 하다.

하지만 나는 그것만을 원하지는 않는다. 나는 정말 많은 것을 원한다. 지금보다 훨씬 더 많은 퀴어 콘텐츠, '아, 이제 정말 지긋지긋하다'라고 느낄 만큼 많은 퀴어 이야기들을 원한다. 현실을 그려낸 것도, 판타지를 그려낸 것도, 현실인지 판타지인지 모호한 것도 모두 원한다. 나는 그러한 수많은 콘텐츠를 당연하게, 당당하게 향유하고 싶고, 동시에 불량식품 같은 팬픽 또한 가지고 놀고 싶다. 퀴어 콘텐츠가 많은 시대에는 그것들을 패러디하는 팬들의 문화나 팬픽 또한 당연하게 더 퀴어해지고, 더 재밌어질 수도 있지 않을까. 나는 더 나은 미래, 더 풍족하다 못해 퀴어 콘텐츠 중독자에게는 거의 사치스럽기까지 한 미래를 꿈꾼다. 아마, 나와 같은 수많은 '청개구리' 퀴어들도 비슷한 욕망을 가지고 있을 것이다. 우리는 욕심이 많고, 어쩌면 우리의 그 욕심 자체가, '퀴어'한 것일 수도 있다.

나는 왜 퀴어페스를 썼냐:
당사자 혹은 러버의 고백[*]

퀴어페스란 무엇인가

퀴어페스란 무엇인가. 정의를 해보려고는 하지만 사실 이것에 대한 정의는 필연적으로 모호해질 수밖에 없다. 퀴어queer라는 것이 모호하기 때문이다. 누군가 "뭐가 퀴어한 거야?"라고 물었을 때 '그게 퀴어해서 퀴어한 건데, 그게 왜 퀴어하냐고 물으면 뭐라고 말해야 하나' 난감했던 경험이 수도 없이 많다. 어쩌면 이것은 나의 인식론 자체의 문제일지도 모른다. 내 안에서 퀴어는 설명하기 어려운 것, 모호한 것, 어느 정도 주관적인 것이며, 그래서 더 빛이 나고 반짝거리며 나를 매

---

[*]   이 글의 일부는 《퀴어돌로지》(오월의봄, 2021)의 〈남성 아이돌 알페스 문화 속의 트랜스혐오〉에도 실려 있다.

혹시키는 것이라서, 어떻게 말을 해야 할지 망설여지는 부분이 있다. 퀴어페스에 대한 (내가 알기로는 세상에서 최초로) 개괄적 분석을 발표한 윤소희 또한 "한 작품을 두고서 '이것은 퀴어페스다'라고 정의하는 것은 오롯이 수용자의 판단에 따라 갈린다"[*]라고 쓴 바 있다. 어쩌면 퀴어페스에 대해서 말하려는 이 시도는 누군가에게는 미끄러져 가닿지 않을 수도 있다. 심지어 지금까지 퀴어페스를 함께해온 사람조차도 나와는 다르게 생각할지도 모른다. 다만 이 글이 퀴어페스가 무엇인지 함께 생각해볼 수 있는 계기가 된다면 그것으로 족하다.

퀴어페스를 말하기 위해서는 알페스를 설명해야 한다. 알페스RPS, Real Person Slash란 동인계, 2차 창작계, 팬덤 등에서 실존 인물이 등장하는 팬픽션을 주로 일컫는다. 서양권 동인계, 2차 창작계, 팬덤 등에서는 어떤 커플링십을 '슬래시'로 부르는 문화가 있다. 예를 들어, 일본과 한국에서는 '짱구×철수'와 같은 식으로 곱하기(×)라는 기호를 이용해 짱구와 철수의 커플링십을 표현한다면, 서양권에서는 '짱구/철수'와 같은 식으로 슬래시(/)라는 기호로 커플링십을 표현한다. 즉, '실존 인물real person'과 커플링을 뜻하는 '슬래시slash'를 합쳐 서

---

* 윤소희, 〈팬픽션 퀴어바디즘〉, 《퀴어돌로지》, 스큅 외 지음, 오월의봄, 2021, 184쪽.

구에서는 'RPS'라는 단어를 사용하며, 이 단어를 우리나라의 동인계, 2차 창작계, 팬덤 등에서는 '알페스'라고 부른다. '퀴어페스'는 알페스에서 파생된 단어로, '알페스'에 '퀴어'라는 단어가 붙은 것이다.

여기서 의문이 생기는데, 그렇다면 알페스의 세계에서 퀴어는 리얼 퍼슨, 진짜 사람, 실존 인물이 아닌가? 사실 알페스의 세계는 '퀴어페스'라는 단어가 발명되기도 전부터 이미 퀴어했다. 이성애자보다 동성애자가 더 많은 세상이 알페스의 세계일 것이다. 알페스는 주로 팬픽션 등을 통해 재해석된 '실존 인물'들이 그 인물들의 실제 성적 지향과 무관하게 동성 간 성애를 실천하게 한다. 그렇지만 한편으로 알페스의 세계에서는 동성애가 '기본값', '디폴트'처럼 여겨지기에, 정작 이 안에서는 동성애가 '퀴어'하지 않았던 경향 또한 있었다. 이성애가 기본값인 현실세계와 달리 알페스의 세계 속에서는 동성애가 기본값이기에 그 세계에서는 동성애가 정상에서 벗어난 이상한 것인 '퀴어'가 아니었다.

기존 알페스 문화에 동성애혐오, 이성애중심주의 등이 등장하지 않았던 것은 아니나, 그것은 그저 두 사람의 사랑을 방해하는 감칠맛 같은 낭만화된 요소일 뿐이었다. 어떤 팬픽 속에서 등장인물들의 동성애가 다소 이상한 것으로 취급되더라도, 등장인물들이 퀴어혐오적 폭력을 당하는 장면이 나오더라도, 그것을 읽고 쓰는 이 모두가 이 동성애가 '이상하지 않음'을 무의식적으로 공유하고 있다는 말이다. 이렇게 현실세계와 달리 동성애가 퀴어가 아니기 때문에 역설적으로 무척 퀴어한 세계라서 어떤 이들은 알페스 문화를 퀴어하게 여길 수 있었고, 어떤 퀴어들은 그렇기 때문에 알페스 문화를 즐길 수도 있었다. 하지만 동시에 알페스는 동성애를 퀴어하지 않게 다루면서, 즉 동성애를 알페스 문법 속의 '규범성'에 한정해 다루면서 규범적 동성애가 아닌 다른 종류의 '퀴어'한 것은 배제해온 경향이 있었다.

'알페스의 세계에서 퀴어는 리얼 퍼슨, 진짜 사람, 실존 인물이 아닌가?'라는 질문을 다시 들여다보자. 다소 공격적으로 거칠게 말하자면, 기존의 알페스 세계에서 퀴어는 리얼 퍼슨, 진짜 사람, 실존 인물이 아니었다. 실제로 커밍아웃한 퀴어 인사들이 알페스 소재로 쓰이지 않았다는 이야기가 아니다. 해외 연예인을 대상으로 한 알페스물에서는 실제로 커밍아웃한 퀴어 연예인이 알페스에 나오기도 한다. 알페스에 자주 등장하는 한국 연예인 중에는 커밍아웃한 퀴어가 거의 없지만, 그래도 자신의 퀴어함을 내뿜으며 '걸어다니는 커밍아웃' 같은 아이돌들이 알페스에 등장하기는 한다. 하지만 그러한 '퀴어한' 이들은 대부분 알페스에서 주요한 인물이 되지 못했다. 알페스판에서 알페스를 향유하는 이들이 보편적으로 더 '맛있게' 여긴 쪽은 시스젠더 헤테로적인 인물들이 동성 간 '케미'를 뽐내고 있을 때였지, 퀴어한 인물들이 퀴어하게 놀 때가 아니었다.

알페스의 한 갈래인 아이돌 팬픽에서 가장 인기 있는 커플은 대부분 좀더 '시스젠더 헤테로' 같은 멤버들로 꾸려진 커플이었고, 정말로 퀴어 같은 멤버는 커플링 놀이에서 살짝 배제되기도 했다. 퀴어 같은 인물들이 모두 팬픽에서 인기가 없었다는 건 아니고, 인기 커플링에 그런 인물이 속하는 경우도 있지만, 그럴 때조차 나는 그들의 '퀴어함'이 희석되어 묘사되었다고 느낄 때가 많았다. 알페스 향유자들이 좀더 보편적으로 좋아했던 것들은 시스젠더 헤테로들의 '기만'이었지, 퀴어하게 사랑을 나누는 퀴어들을 보는 것은 메이저한 욕망은 아니었다. 알페스의 세계는 여러 가지 변수가 존재하는 아주 복잡한 세계이기에, 소수의 욕망들도 때로는 불쑥 튀어나오곤 하는 재미있는 곳이지만,* 아무튼 메이저한 알페스 향유자들의 욕망 속에서 리얼 퍼슨, 진짜 사람, 실존 인물은 언제나 비퀴어였고, 시스젠더 헤테로였다.

퀴어페스는 이러한 알페스의 일반적인 규범을 더

---

* 여기에서 지금까지의 팬픽사, 알페스의 역사를 퀴어페스의 시선으로 다시 바라보았을 때 흥미로운 결과가 나올 것이라는 분석을 해볼 수도 있지만, 이것은 다음 기회로 넘기기로 하자.

퀴어하게 파괴한, 알페스의 일종이다. 퀴어페스가 알페스의 일반적인 규범에 맞지 않는 동시에 그 장르의 일부라는 것은 흥미로운 지점인데, 퀴어페스는 어쨌거나 알페스의 큰 틀, 즉 실존 인물로 커플링 놀이를 한다는 틀에서는 벗어나지 않는다. 그러나 알페스의 일반적인 규범 속에서 '실존 인물'들이 언제나 비퀴어였고 그들의 비퀴어성이 확대되어 그것을 뒤집는 동성애적 해석이 주가 된 것과 달리, 퀴어페스 속에서는 '실존 인물'이 퀴어할 가능성은 훨씬 더 크게 해석되고 그들의 퀴어성은 확대되어 그 확대된 퀴어성으로 인한 다양한 관계들을 탐구하며 동성애뿐만 아니라 '더 퀴어한' 커플링 놀이를 하는 것이 주가 되었다. 리얼 퍼슨, 진짜 사람, 실존 인물이 퀴어이고 퀴어일 수 있는 세계가 바로 퀴어페스의 세계였다.

거창하게 말했지만 이것은 전적으로 나의 해석일 뿐이고, '퀴어페스'라는 단어는 이러한 이해까지는 없이 발명된 것일 수 있다. 내 기억에 퀴어페스라는 단어가 '발명'된 것은 2017~2018년경의 일이었다. 아이돌 NCT의 알페스판에 운 좋게도 (또는 운 나쁘게도?) 퀴어한 해석을 즐기는 이상한 이들이 많았는데, 이들의 해석과 이들이 내놓는 어떤 팬픽, '연성'을 누군가가 '퀴어페스'라고 부르기 시작했고, 그 뒤로 '퀴어페스'라는 말이 쓰이기 시작했다. 2022년 현재 퀴어페스라는 단어는 일부 트위터 유저들만 쓰고 있는 것 같지만, 나는 아직도 알페스 팬픽 중에 좀더 퀴어하게 읽을 수 있는 글들을 '퀴어페스'라고 칭한다.

어떤 이들은 '퀴어가 창작하는 퀴어들의 이야기'를 퀴어페스라고 생각하는데, 이는 어느 정도 맞는 말이다. 퀴어페스의 주된 향유자는 퀴어 당사자들이고, 이런 이야기를 재미있게 느끼는 것도 어느 정도는 퀴어적 감수성이 밑바탕에 깔려 있어야 하기에 퀴어페스는 퀴어 당사자들의 놀이가 아닐 수 없다. 하지만 퀴어페스에는 다양한 퀴어 정체성이 등장하는데, 당연한 말일 수 있지만 퀴어 당사자라고 해도 모든 정체성에 '당사자성'을 가질 수는 없다. 자신이 가진 정체성만을 가지고 퀴어페스를 하는 것도 아니다. 예를 들어, 시스젠더 레즈비언이라는 퀴어 정체성을 가진 퀴어페서(퀴어페스 향유자)가, 어떤 인물을 트랜스젠더 게이로 캐릭터 해석을 해서 퀴어페스를 하기도 한다. 이것을 '퀴어가 퀴어로 해석하며 노는 퀴어들의 이야기'라고도 넓게 볼수 있지만, 그렇게 퉁쳐서 볼 수 없는 면도 분명히 존재한다. 그래서 어떤 이들은 분노하기도 했다. "네가 퀴어라고 해서 다른 퀴어들의 이야기를 멋대로 해도 된다는 거냐? 너는 ○○ 정체성을 가지고 있지 않은 퀴어면서." 그리고 어떤 이들은 이것을 결국 "퀴어를 대상화, 페티시화하는 것"에 불과하다고도 했다.

그런 말들에 대해, "나 자신의 쾌락을 위한 것을 했을 뿐이어도 누군가는 쾌감과 위로를 받고, 심지어 자신의 정체성을 찾아나가며 변화—'트랜스'—해나갈 수 있는 하나의 기회"[*]를 얻게 된다는, 사실상 대상화나 페티시화에 불과한 것이어도 어떤 퀴어 당사자들은 그것을 즐기고 심지어 그걸 써준 나에게 고마워하더라는 이야기를, 지금은 하고 싶지 않다. 퀴어들이 알페스를 읽으며 위로를 받고 임파워링하기도 한다는 지점은 무척 중요하지만, 이번만큼은 다른 이야기를 해보고 싶다. 위로와 임파워링에 대한 가슴 따뜻해지는 이야기 대신에, 내 가슴 한편에 무겁게 자리 잡은 어떤 것에 대해서 말이다. 어쩌면 읽는 사람도, 쓰는 사람도 불편해질지도 모르겠다

그런데 나는 왜 퀴어페스를 썼는가

다시 '퀴어페스'라는 단어가 발명될 시점으로 돌아가보자. '퀴어페스'라는 단어는 왜 발명될 필요성이 있었는가? 그것은 그 당시 어떤 팬덤에 어떤 이상한 이들

---

[*]   권지미, 〈남성 아이돌 알페스 문화 속의 트랜스혐오〉, 《퀴어돌로지》, 스큅 외 지음, 오월의봄, 2021, 236쪽.

이 알페스의 일종이면서도 확실한 변종인 어떤 것을 하고 있었기 때문이고, 그 변종적 알페스에 이름을 달아 부르는 것이 편하게 느껴졌기 때문일 것이다. 그런데, 왜 그 '어떤 이상한 이들'은 그런 변종적 알페스를 하고 있었나? 그들이 변태라서? 그것도 상당히 맞는 말이겠지만, 완전한 설명은 아니다. 변태도 여러 가지의 다양한 욕망을 지니고 있는데, 왜 하필 그런 욕망을 가진 변태였느냐는 질문이 남는다. 퀴어페서들은 왜 그런 욕망을 가졌는가? 내가 여기서 모든, 수많은 퀴어페서들의 심경을 담아낼 수는 없다. 그것은 불가능하므로 대신 퀴어페스가 발명될 당시에 퀴어페서 중 하나였던 나를 이야기해보려 한다. 2017~2018년에 퀴어페스를 하던 나에 대해서.

2015~2016년쯤의 나는 원래 엑소(EXO)를 파고 있었고 그 그룹의 알페스를 소비만 하던 '소비러'였다. 그러다 그들의 후배 그룹인 NCT에게 점차 눈을 돌리게 되면서 그들의 알페스에도 관심을 가지게 되었다. 그런데 NCT 알페스판은 엑소 알페스판에 비해 너무 '먹을 게 없었다'. "먹을 것이 없다"는 것은 알페스 향유자들이 즐겨 쓰는 표현으로, 읽고 소비할 만한 알페스적 창작물이 없었다는 말이다. 나는 먹을 것이 없다고 느껴서 스스로 뭔가를 쓰기 시작했고, 그러다 보니 감사하게도 내가 쓴 것을 재밌다고 해주는 사람들이 점

점 많아졌다. 나와 내 트친(트위터 친구)들이 하던 변종적 알페스를 누군가 '퀴어페스'라고 불렀고, 어떤 사람들은 그 퀴어페스를 경멸하기도 하고 비판하기도 하고 비난하기도 했다. 누군가는 퀴어페스를 하는 나를 죽이겠다는 멘션을 달기도 했다. 그런 와중에 어떤 이들은 열광했다. 나는 열광하는 이들의 관심이 고맙고 기뻐서 더더욱 퀴어페스에 몰두했다. 퀴어페스를 하다가 사이버불링 등에 지쳐 사라진 사람들도 꽤 많았지만, 체감상 퀴어페스를 하는 사람들은 계속 늘어났다. 하나의 아주 작은 사회 안에서 발명된 개념이지만, 퀴어페스는 아직도 흥미로운 현상으로 기억된다.

그런데 나는 NCT판에 처음 들어설 무렵 왜 '먹을 게 없다'고 느꼈을까? 2017년의 NCT판에 그렇게 알페스물이 없었나? NCT 알페스판은 그 그룹의 데뷔 즈음인 2016년부터 있었지만 그 팬픽들은 나를 만족시키지 못했다. 그렇다면 그 이전에 내가 파고 있던, 엑소판의 알페스물은 나를 만족시켰던 것일까? 엑소판의 알페스물은 보편적인 알페스 문법을 충실히 따르는 교과서적 팬픽들이었다. 조금 나쁘게 말하자면 '그 나물에 그 밥'인 팬픽이 다수였지만, 먹을 것 자체가 엄청 많다보니 백종원이 해준 것처럼 눈물 나게 맛 좋은 음식이 많은 '한식대첩' 같은 곳이 바로 엑소 알페스판이었다. 솔직히 말하면 나는 엑소 팬덤에서 소비러로 있을 때는 알페스로 내 안의 퀴어한 무언가를 충족시키고 싶다는 욕망까지는 접고 산 것 같다. 그 나물에 그 밥이 차려진 밥상을 먹기에 바빴고, 나는 그냥 팬픽 속 세계에서 동성애가 퀴어한 것이 아니라는 것만으로도 재미를 느끼는 평범한 퀴어-알페서였다. '엑소의 멤버 누구누구는 이렇게 저렇게 퀴어한 것 같다!' 이런 생각을 아예 하지 않은 건 아니고, 그 생각을 아예 발화하지 않은 것도 아니지만, 적어도 그런 말들은 나의 퀴어 지인들과만 공유하는 '퀴어 비계(비공개 계정)'에서만 했던 것 같다. 그저 '실친(현실의 실제 친구)'들과의 농담이었을 뿐이다.

그런데 내가 엑소판에서 NCT판으로 심적 이주를 했을 때, 그동안 내가 먹어왔던 '그 나물에 그 밥'을 차려줄 '맛집'이 상대적으로 적어 보였다. 이것은 당시 NCT가 신인 아이돌에 가까웠고, 더 길고 복잡한 역사와 높은 인지도를 가진 엑소에 비해 '뜨지 않았기' 때문이었다. 그래서 나는 내가 직접 밥상을 차리기 시작했다. NCT판은 상대적으로 맛집도 적고 맛집이 있나 없나 기웃거리는 사람도 적어서 내가 뭘 만들어도 엄청나게 큰 관심이 오지 않았지만, 또 역설적으로 아예 묻히지도 않았다(물론 이것은 2017년도의 이야기로, 2021년에 NCT 알페스는 전체 케이팝 남성 아이돌 알페스판의 메이저가 되었다).

'존잘'*이 엄청나게 많은 판은 사람 자체가 많아서 존잘이 뭘 조금만 해도 엄청난 박수를 받지만, 한편 존잘이 아닌 사람이 만들어내는 것도 엄청나게 많고 흔하기 때문에 무시당하는 팬픽도 많다. 그런데 당시 NCT판은 뭘 하는 사람이건 존잘이건 그 수가 다 적어서 나 같은 사람이 하는 '연성'이 엄청나게 박수를 받는 일도, 또 엄청나게 무시를 당하는 일도 없었다는 것이다. NCT판의 사람들은 전반적으로 다 굶주려 있었던 셈이다. 그런 환경이라 나는 '어라? 여기에서는 내가 하고 싶은 걸 더 해도 되는 분위기잖아?' 하는 생각을 해버렸던 것 같다. 나의 고삐는 풀리고 말았던 것이다.

　'내가 하고 싶은 것'은 왜 그런 것이었을까? 나는 왜 그런 욕망을 가지고 퀴어페스를 했을까? 경위님의 편집과 노력으로 탄생한 나의 '썰북'**인 《미소년과 왕에 대하여》***에 수록된 〈성균관 퀴어들의 나날〉****이

---

*　팬픽이든 팬아트든 웃긴 트윗이든, 뭐든지 간에 '존나 잘해서' 숭상받는 이들을 팬덤 내에서 '존잘'이라고 부른다. '존잘'을 '엄마'라고 부르는 흐름도 있다.
**　2차 창작 동인지 중 특히 엽편 형식의 글인 '썰'을 모아 정리해 책으로 만든 형태의 것을 뜻한다.
***　게일 루빈의 저서 《일탈》의 장 제목 중 하나에서 따온 제목이다.
****　이 제목은 〈성균관 스캔들〉이라는 이름으로 드라마화되기도 했던 유명한 헤테로 로맨스 소설인 《성균관 유생들의 나날》을 패러디한 것이다(그러나 제목 말고는 해당 헤테로 로맨스 소설과 거의 연관성이 없다).

라는 썰***** 일부를 요약하자면 이렇다. 이 썰에는 막연하게 조선시대로 설정된 배경 속에서 온갖 정체성으로 해석할 수 있는 다양한 인물들이 등장한다. 등장인물 D는 '남장'을 하고 성균관에 들어온 지정성별 여성인 유생이고, 마찬가지로 '남장'을 하고 성균관에 들어온 지정성별 여성인 후배 유생 등장인물 R과 섹스로 가득한 연애를 한다. 두 인물의 설정은 비슷해 보이지만, 사실 D는 현대적 관점에서는 트랜스 남성에 가깝고, R은 부치 레즈비언에 가깝게 묘사된다. D는 여성과의 연애가 매우 익숙하지만 R은 그렇지 않아서, R은 D에게 많은 것을 배워나간다.

또 다른 성균관 유생인 등장인물 H는 남성이면서 남성을 매우 좋아하는 남성애자로, D가 자신과 같은 남

***** '썰'이란 트위터에서 주로 140자 내외의 트윗 형태로 이어나가는 일종의 엽편소설을 말한다. 보통 짧게 끝나는 특성이 있으며 본격적으로 포스타입postype.com 등에 등재되는 단편 혹은 장편 형식의 팬픽에 비해 본격적인 소설 형태를 띠고 있지는 않지만, 어떤 썰들은 매우 긴 타래로 이어져 때로는 거의 장편소설만큼의 분량일 때도 있다. 나는 트위터에서 트윗 형태로 이어지는 형식으로 썰을 푸는 것을 선호하는 편이다. 트위터에서 좀더 즉각적인 반응이 오는 것을 내가 즐기기 때문인 것도 있고, 썰을 풀 때는 정돈된 언어를 덜 쓰면서도(즉, 트위터로 썰을 풀 때는 문법 등을 다소 파괴하더라도 괜찮고, 트위터상에서 통용되는 밈meme적인 용어를 좀더 자유롭게 쓸 수 있다) 나의 욕망을 바로 언어화할 수 있기에 편리하다고 느끼기 때문이다.

성애자 남성이라고 오해하여 D와 친해지기를 바란다. D는 H를 통해 새로운 등장인물 T를 알게 되는데, T는 '여장'을 하고 기생으로 일하는 지정성별 남성인 사람이고 현대적 관점에서 보면 트랜스 여성으로 정체화할 수도 있을 사람이다. 하지만 조선시대가 배경인 이야기이므로 등장인물들의 성별 정체성은 모두 정확하게 현대적인 이름으로 명시되지는 않는다. D는 T의 성별을 알고 당황하지만, 자신(D)을 남자인 줄로만 아는 남성애자인 남성 친구들 앞에서 T와의 성애적 행위(오럴섹스)를 과시적으로 하고, T와의 관계에서 조금은 마조히즘적인 쾌락을 느끼기도 한다. 한편 R은 연인인 D의 관심이 자기에게서 떨어져 나갔음을 느끼고 슬퍼하다가, 우연히 하녀인 두 사람이 레즈비언적 관계임을 알게 되고, 그 둘을 자신이 목욕하는 곳으로 불러서 레즈비언 쓰리썸을 한다. 그리고 T가 D의 성별 정체성을 알게 되고, 둘은 서로의 트랜스적 정체성을 공유하면서 마음이 깊어져 성기 삽입 섹스를 한다.

트위터의 '썰 타래' 형식으로 이어졌던 이 글의 모든 등장인물은 남성 아이돌 그룹 NCT의 멤버들이었고, 내가 하는 퀴어페스에는 이런 설정이 많았다. 어떤 멤버를 어떤 성적 지향, 성별 정체성으로 '캐릭터 해석'을 하든, 그것은 내 마음이었다. 내가 꼴리는 대로 그들은 'LGBTQ 어쩌고'를 넘어서 그 무엇이든 될 수 있었다. 그러다 보니 내가 하는 이야기들은 자연스럽게 '이상해졌다'. 멤버들의 시스젠더 헤테로스러움을 바라보면서 그것을 착즙해 그저 알페스 문법 내의 규범적인 동성애로 해석하며 노는 보통의 알페스와는 달라지고 말았다. 이 이상한 이야기들은 절대적으로 내가 그런 것을 쓰고 싶은 욕망이 있었기 때문에 나온 것이었다. 나는 왜 그랬을까?

나는 항상 "내가 퀴어 당사자였기 때문에, 더 퀴어한 것이 읽고 싶어서, 그래서 썼다"라고 답변을 해왔다. 그러나 그 답변은 충분한 것이었는가? 나는 이제 와서 고민한다. 나는 퀴어가 맞다. 정확히 말하자면 지정성별은 여성이지만 스스로 내 성별을 말할 때는 젠더플루이드인 논바이너리 트랜스젠더퀴어라고 말하는 사람이고, 그러면서 동시에 동성애자이다. 나는 동성애자라는 표현이 나에게 더 걸맞다고 느끼지만, 때때로, 아니, 자주 레즈비언이라는 말로 나를 표현하기도 하고, 레즈비언 농담을 진심으로 즐긴다. 성별로 인한 디스포리아는 크지 않은 편이고, 나를 여성으로 잘못 패싱하더라도 크게 불쾌감을 느끼지는 않는다. 그리고 나는 나를 에이스펙트럼이라고 생각하지는 않는다. 에이로맨틱이 아닐까 요즘 고민하긴 하지만, 아직은 여전히 나는 유성애자 정체성을 유지하고 있다. 그리고 나는 거의 확실하게 제드섹슈얼이다. 내게는 다양한 정체성이 있고, 이런 정체성들은 서로 유동적으로 얽히면서 복잡하게 기능한다.

'퀴어'를 스펙트럼이라고 본다면, 나는 누군가에 비해 엄청나게 퀴어할 수도 있고, 누군가에 비해 엄청나게 퀴어하지 않을 수도 있다. 누군가에게 나는 좀더 정상성 범주 내에 있는 존재이고, 누군가에게는 그렇지 않다. 나는 퀴어 당사자이기도 하지만, 어떤 면에서는 또 당사자성이 없다. 모든 사람이 그런 것처럼 나 또한 그렇다. 그런데 나는, 내가 당사자성을 가지지 않은 퀴어한 모습들도 무척 사랑한다. 나는 레즈비언에 가깝지만 게이도 사랑스럽고 좋다. 나는 논바이너리 트랜스젠더지만 바이너리인 트랜스 여성이나 트랜스 남성을 보면 반갑고 기쁘다. 나는 젠더교란이 안 되는, 그저 나의 지정성별로밖에 보이지 않는 외형이기에 젠더교란적 외모를 가진 이들을 (그들이 자신을 어떻게 설명하든 간에) 동경하며 그들에게 호감을 가진다. 그런 퀴어함을 사랑하는 마음으로 퀴어페스를 썼다. 〈성균관 퀴어들의 나날〉 속에는 바이너리 트랜스젠더에 가깝게 읽을 수 있는 인물들도 나오고, 그들이 자신의 몸에 디스포리아를 느끼는 부분도 나온다. 그리고 그들의 섹슈얼리티는 에로틱하게 다루어진다. 나는 그런 것을 썼다. 그렇다면 나는 나와는 다른 성적 소수자들을 성적 대상화하는 '러버'인 걸까?

퀴어페서, 그리고 '러버'

러버lover란 '여장 남자'에 대한 성적인 이끌림, 즉 트랜스베스토필리아transvestophilia를 가진 남성이나 트랜스 여성에게 사랑을 느끼는 트랜스팬transfan, 트래니체이서tranny chaser 남성을 일컫는 한국의 속어라고 위키백과에서는 설명한다. 위키백과는 러버를 남성에 한정시켰고, 이 세상에는 러버인 남성이 더 많아 보이지만, 러버인 여성도 있다. 트랜스젠더 커뮤니티에서는 트랜스 남성에게 페티시적 사랑을 느끼는 여성도 러버라고 하는 것 같다.

트랜스젠더, 특히 바이너리 트랜스젠더인 사람들은 '러버'에 대한 혐오감이 큰 편이다. 그들 중 많은 이들은 자신의 트랜스적인 모습, 까놓고 말해 남자인지 여자인지 분간이 가지 않는 그 모습, 그 모호함에 페티시를 느끼며 자신을 좋아한다고 하는 이들에게 완전히 질린 것 같다. 많은 논바이너리 트랜스젠더들도 자신의 몸에 디스포리아를 느끼며 트랜스젠더로서의 고통을 느끼지만, 그래도 비교적 자신의 그 모호함을 그대로 가져가려는 마음이 있는 반면에, 바이너리 트랜스젠더들은 자신의 몸에 강한 디스포리아를 느끼고 다른 성별의 몸으로 완전하게 패싱되기를 더 간절히 바라는 것 같고, 그 때문에 러버 같은 이들을 혐오하는 것처럼 보인다.*

세상에는 퀴어페스를 비난한 아주 많은 사람이 있었는데, 그중 한 부류는 퀴어적 상상력이 부족해 트랜스혐오도 함께하는 시스젠더 헤테로들이었고("아니 어떻게 우리 오빠들을 트젠으로 먹냐고. 미쳤냐?"), 다른 한 부류는 트랜스혐오적이고 고결한 시스젠더 레즈비언들이었다("어떻게 좆달린 것들을 레즈비언으로 먹나요. 이것은 여성서사를 빼앗는 것입니다"). 그리고 더 나중에 나타난 또 다른 부류는 트랜스젠더 당사자들이었다. 그들 중 많은 이들은 바이너리 트랜스 남성들로 보였는데, 그들의 논리는 대충 이런 것들이었다. "인터넷 보고 자기가 논바이너리라고 정체화한 '여자애'들, 결국은 여자면서 여성 소셜에서 좀 탈락했다고 무지개 프로필을 단 '여자애'들이 트랜스 남성을 퀴어하고 귀엽다며 대상화한다. 마치 트랜스 남성을 '보이시한 소녀'인 것처럼 소비하는, 나는 이런 여성애자 여성 러버들이 진짜

* SNS상에 트랜스 남성을 페티시화하는 러버 여성을 비판적으로 다룬 만화가 올라온 적도 있다. 이 만화에 등장하는 러버로 보이는 여성은 트랜지션을 하기 전인 트랜스 남성에게 호감을 표하며 자신의 '전 남친'들이 모두 트랜지션을 하기 전이었다고 말한다. 이 만화를 올린 작가는 트랜스젠더들을 페티시화하는 것을 그만두라는 메시지를 함께 적어두었다. @tamble_art, 2020년 7월 22일 게재, https://www.instagram.com/p/CC6oq1bKz6t/?igshid=luwhgejwbaso.

너무 역겹다. 너희는 러버들이다. 트랜스 남성을 왜 '남성'으로 취급하지 않느냐? '트젠남' 대상화, 페티시화 꺼져라."

　　나는 이런 말을 하는 이들이 그동안 얼마나 고난과 역경을 겪었을지, 어떠한 '한'을 쌓아왔을지 완전하게는 아니더라도 어느 정도는 알고 있다. 그래서 차마 나를 공격하는 시스젠더 헤테로들에게 그러하듯 쉽게 공격을 받아치기가 어렵다. 그러면서도 그들의 말을 듣고 있으면 고통스럽다. 그들이 나를 미워한다는 걸 절절하게 느낄 수 있기 때문이다. 한때 나는 '퀴어'라는 깃발 아래 우리가 모두 하나가 될 수 있다는 판타지를 살짝 믿기도 했다. 그런데 그것이 거짓이었고 가짜였고 그저 프로파간다였다는 것을 깨달았을 때, 무척이나 서글펐고 비참하기도 했다. 우리는 어쩌면 이렇게 비슷하면서도 다를까? 어쩌면 이렇게 서로를 미워할 수 있을까? '같은 퀴어'라는 건 없다는 것을, 내가 자긍심을 가지고 있는 트랜스젠더퀴어 진영에서도 느끼는 것은 무척 고통스러운 일이다. 그들이 내게 그렇게까지 말하는 맥락을 전혀 이해하지 못하는 건 아니다. 디스포리아와 전반적인 삶의 환경으로 인해 그들 역시 고통스러울 것이고, 그 고통 때문에 타인에게 예민하고 공격적으로 구는 것이리라. 그렇지만 그들의 공격이 퀴어페스를 쓰는 논바이너리들, 젠더퀴어들을 향하는 것은 딱히 그들

자신을 위해서도 좋은 전략은 아니라고 생각한다.

퀴어페스에 트랜스 남성을 등장시키는 게 트랜스 남성을 페티시화하는 것이라는 말에는 이런 논리가 밑절미로 깔려 있는 듯하다. '진짜' 남자는 이런 취급을 하지 않으면서 트랜스 남성을 퀴어하다고 귀여워하는 것은 트랜스 남성을 '진짜' 남자가 아닌 '가짜' 남자로 취급하는 것이라는 논리다. 사실 퀴어페서들이 꼭 트랜스 남성만을 퀴어하다고 귀여워한 것도 아니었다. 퀴어페스에는 아주 다양한 정체성이 등장했고, 트랜스 남성은 그중 일부일 뿐이었다. 그리고 퀴어페서들은 애초에 '진짜' 남성 역시 '그런 취급'을 하는 사람들이었다. 애초에 '원본'인 NCT 멤버들 자체가 시스젠더 남성인데, 시스젠더 남성에게서 퀴어함을 '착즙'하다 보니 이것저것이 나오게 된 것뿐이다. 퀴어페서들은 '진짜'든 '가짜'든 '원본'이든 상관없이 알페스에 쓰이는 인물들을 '판타지'로 취급해왔다.

그러한 판타지가 어떤 퀴어들에게 소중한 것이었다는 이야기까지는 이번 글에서는 생략하고 싶다. 퀴어페스를 하는 바이너리 트랜스젠더들도 많았다는 것도, 나의 퀴어페스(즉, 나의 대상화 가득한 트윗들)를 본 바이너리 트랜스젠더 '트친'들이 나의 그러한 활동이 자신과 자신의 정체성에 도움이 되었다고 보내준 메시지나 그들에 얽힌 일화들에 대해서도 (그 이야기는 모든 부분에서 중요하지만) 여기에서는 이야기하고 싶지 않다. 그런 것을 내세우며 그들의 정체성, 당사자성을 마치 면죄부처럼 쓰고 싶지 않다. 그리고 또한 나의 트랜스젠더퀴어 정체성에 대해서, 나의 소소하지만 분명한 디스포리아들과 또 내가 살아온 역사에 대해서, 구구절절 이야기하고 싶지 않다. 나까지 어떠한 당사자성을 들고 와서, 어떠한 불행이 더 크고 깊은지, 누가 진짜 '피해자'인지를 겨루는 식으로 이야기하고 싶지 않다.

이쯤에서 '정체성 정치'라는 개념을 소개하고 싶다. 이는 여성·성소수자·인종·민족 등 다양한 차별에 맞선 여러 운동에서 널리 수용되는 것으로, 주로 어떠한 차별받는 집단들이 자신들의 특수한 정체성에 기초해 싸우는 운동의 전략 혹은 특정 정체성에 기초해서 자신을 정당화하는 정치적 행위를 나타내는 것을 말한다. 어떤 개인이 '정체성'을 가지거나 스스로를 차별받는 집단의 일원으로 자각하는 것, 그리고 그런 자각에 따라 분노를 느끼는 것은 당연할 수 있는 반응이다. 이러한 개인의 경험은 차별에 대한 정치적 의식을 기르는 데 도움이 된다. 많은 이들에게 정체성 정치는 호소력을 가진다. 나 또한 때때로 정체성 정치를 이용해왔다 (교차성 페미니스트가 이용하는 교차성 개념 역시 정체성 이론의 틀로 사회를 바라보기 때문에 정체성 정치에서 완전히 자유롭지는 못하다). 정체성 정치에는 공통된 '피해자됨'

정체성을 바탕으로 한 분노를 기반으로 차별에 맞서는 운동을 할 수 있다는 강점이 있다. 그러나 '특정 차별을 받는 집단 구성원은 모두 하나로 단결할 수 있다'라는 가정 때문에 정체성 정치는 비판도 많이 받는다. 차별받는 각각의 집단 내 구성원들이 비슷한 차별과 억압을 받는 듯해도 개별 구성원의 삶은 모두 다른데, 정체성 정치는 억압받는 이들 사이에 엄연히 존재하는 차이를 무시하는 경향이 있다.

또한 미국의 사회주의자 작가이며 활동가인 샤론 스미스Sharon Smith는 특정 형태의 차별을 겪은 사람들만이 그 차별을 알 수 있다거나 그 차별에 맞서 싸울 수 있다고 보는 '정체성 정치'에 대해 개인적으로 차별을 겪어야만 차별에 적극 반대하게 되는 것은 아니라며 비판한다.* 오히려 정체성의 정치를 지배계급의 '분열 지배 전략'으로 본다. 분열 지배 전략이란, 피착취자들이나 피차별자들이 서로 싸우게 만들어 그들이 진정한 적에 맞서 단결해 싸우지 못하도록 하는 것을 말한다. 시스젠더 여성들이 자신의 정체성을 내세워 트랜스젠더 여성을 차별하고, 이 때문에 여성들 사이에 분란이 일어나서 가부장제 같은 진정한 여성의 적에 대해 모든

---

*   샤런 스미스, 〈정체성 정치 비판〉, 《계급, 소외, 차별》, 차승일 옮김, 제프리 디스티 크로익스 외 지음, 책갈피, 2017, 295쪽.

여성이 뭉쳐서 싸우지 못하게 된다면, 이 과정에서 결과적으로 득을 보는 건 가부장제뿐이다. 바로 이런 것이 일종의 분열 지배 전략의 함정에 빠진 모습이다.

바이너리 트랜스젠더들이 자신의 정체성을 내세워서 논바이너리 트랜스를 꼭 집어 공격하는 것도 분열 지배 전략의 함정에 빠진 것으로 보인다. 트랜스젠더가 정말로 공격해야 할 것은 트랜스혐오적인 사회지, 방구석에서 퀴어페스 읽고 있던 트랜스젠더퀴어 진영이 아니다. 밖에서 보았을 때 서로 구별도 되지 않을 트랜스젠더들끼리 싸워서 자멸할 때, 제일 기뻐하고 즐거워할 이들은 트랜스혐오자들이다. 실제로 바이너리 트랜스젠더들이 논바이너리 트랜스젠더를 비판한 글을 트랜스혐오자들, '랟펨'**들은 신나게 리트윗했다. 나는 어느 바이너리 트랜스 남성이 그런 '랟펨' 누나들이 연대를 해주는 게 다행이라는 뉘앙스로 작성한 트윗을 본 적도 있다. 대체 왜 그러는 것인가. 트랜스혐오자들은 바이너리 트랜스젠더에게 공감하고 그들의 '트랜스됨'을 이해해서 연대하는 것이 아니고, 그저 바이너리 트랜스 남성을 '여자'라고 생각해서 '보지는 보지가 돕는다!'

** '랟펨'이란 소위 '터프TERF'라고도 불리는, 트랜스혐오 성향을 띤 자칭 '래디컬 페미니스트'의 줄임말이다. 그들은 주로 트위터를 기반으로 인터넷상에서 트랜스혐오 활동을 펼친다.

하려는 것일 텐데. 그리고 트랜스혐오자들, '랟펨'들은 그저 트랜스젠더퀴어가 죽일 만큼 미워서, 그들을 미워하는 이라면 보수 기독교인이든 보수 정당이든 아무 상관 없이 연대한다는 것도 잘 알 텐데. 알면서도 그럴 만큼 '무지개법석오타쿠'가 증오스러웠던 걸까?

또 어떤 이들은 트랜스젠더를 캐릭터로 소비하지 말고, 실질적인 트랜스젠더의 의료권 같은 문제에 관심을 가져달라고 말한다. 그런데 "트랜스를 캐릭터로 소비한다"라는 비판을 받는 모든 이들이 그러한 문제에 관심이 없는 건 당연히 아니다. 그리고 이미 그런 비판을 받는 경우에는, 트랜스젠더의 '실질적 문제'에 관심을 가져도 "트랜스 페티시면서 괜히 관심 가지는 척 오지네" 같은 비아냥을 듣기도 한다. 그렇게 비아냥거리고 누군가를 모욕하는 행위는 당연히 트랜스젠더의 의료권 같은 문제에 도움이 되지 않는다. 마치 '랟펨'들이 교차성 페미니스트를 '쓰까페미'라고 비하하며 교차성 페미니스트들이 무슨 말만 하면 거기에 대고 "너네 그래서 N번방 청원이나 했냐?"라고 시비를 거는 것처럼, 이것들은 그냥 결국 심술에 가까운 시비다.

외부에서는 바이너리니, 논바이너리니 솔직히 구분도 잘 못한다. 아니, 퀴어에 대해 무지한 외부가 아니라 트랜스 당사자 본인이어도, 스스로가 바이너리인지 논바이너리인지 모호할 때가 많다. 논바이너리와 바이너리는 이분법적으로 나뉘는 것이 아니다. 논바이너리 중에도 디스포리아가 강한 사람들도 많고 성확정 수술/성 재지정 수술 등의 의료적 조치를 취했거나 취하기를 원하는 사람도 많다. 바이너리 중에도 디스포리아가 약한 사람들도 있고, 여러 가지 이유로 의료적 조치를 취하지 않거나 취하고 싶어 하지 않는 사람들도 많다. 바이너리였다가 논바이너리로 재정체화하는 경우도, 그 반대의 경우도 많다. 우리는 모호하다. '바이너리 트랜스젠더'라는 정체성 또한 단일하지 않다는 것이다. 단일하지 않고 모호한 정체성에 단일하고 공통된 '피해자성'이 있다고 믿고 그 피해자 정체성에 함몰되는 것은 위험할 수 있다. 트랜스젠더가 비트랜스젠더나 시스젠더들과 다른 삶을 살아간다고 해서, 모든 트랜스젠더가 당연히 같은 경험, 같은 상처를 가지고 살아가지는 않는다.

'트랜스젠더 정체성'을 하나의 단일한 형태(성확정 수술을 했거나 강하게 원하고 있고, 디스포리아가 강한 이들)로만 인정하는 것은 비퀴어 중심 사회의 법칙을 그대로 따르는 논리다. 그동안, 그리고 지금 이 순간에도, 비퀴어중심 사회에서 퀴어들이 당하고 있는 배제와 포함의 규칙을 퀴어들 본인이 지켜가며 "우리는 이러저러한 피해 경험(디스포리아로 인한 괴로움, 성확정 수술로 인한 고통 등)이 있으니 '진짜 트랜스젠더'다"라고 사고

하는 것은 결국 퀴어에게 불리한 전략이다. 트랜스젠더 당사자는 모두 같은 방식으로 억압받지 않고, 모두 같은 방식으로 '피해자성'을 가지지도 않는다. 그리고 어떤 이들에게는 정말로 불쾌한 이야기일 수도 있겠지만, 사실 트랜스젠더와 러버의 차이 역시 모호할 때가 많다. 러버였다가 트랜스젠더 정체성을 자각하고 트랜스젠더가 되는 사람도 있다. 트랜스젠더 당사자이면서 동시에 러버일 수도 있다.

선천적 뇌병변 장애인이자 동시에 젠더퀴어 페미니스트 활동가인 일라이 클레어Eli Clare의 《망명과 자긍심》에는 뇌병변 장애로 인해 항상 떨렸던 그의 손에 대한 대목이 나온다. 그의 떨리는 손은 어린 시절부터 따돌림과 조롱의 표적이었으나, 클레어의 연인인 트랜스젠더 활동가 새뮤얼 루리Samuel Lurie는 클레어의 떨리는 손이 자신의 몸에 닿는 감각을 관능적 선물로 받아들인다. 그때 클레어는 자신의 손상을 그 자체로 욕망하고 사랑받을 수 있는 개성으로 받아들일 수 있는 가능성을 찾았다고 한다.[*] 그렇지만 나는 새뮤얼 루리의 저 태도를 '디보티즘devoteeism'적으로 받아들일 수도 있다고 생각했다.

---

[*]   일라이 클레어, 《망명과 자긍심》, 전혜은·제이 옮김, 현실문화, 2020, 150쪽 참조.

디보티devotee란 장애가 있는 사람에게 성적으로 끌리는 사람들을 지칭하며, 이들이 장애에 대해 보이는 태도와 욕망을 디보티즘이라 부른다. 디보티즘을 가진 사람들의 '취향'은 저마다 다르지만, 신체 일부가 절단된 몸에 이끌리는 사람들이 특히 많으며, 마비가 있거나 근육이 적은 신체에 끌리기도 하고, 보청기나 휠체어와 같은 보장구에 끌리기도 한다.** 이러한 페티시에 경악하거나 혐오를 표하는 이들도 많고, 장애를 가진 이의 '장애'를 감히 페티시화한다는 것에 거부감을 가지는 이들도 많다.*** 그렇지만 《실격당한 자들을 위한 변론》을 쓴 장애 당사자인 김원영은 디보티들의 문제는 장애가 있는 특정 신체를 욕망하는 것에서 관계를 시작하기 때문은 아니라고 말한다. "떡 벌어진 어깨나 길고 하얀 목선을 좋아하는 성적 욕망은 도착이 아닌데, 절단된 다리에 대한 욕망은 도착인가? 〔그러나〕

** 　김원영, 《실격당한 자들을 위한 변론》, 사계절, 2018, 257쪽 참조.

*** 　디보티즘이라는 말 자체는 낯설 수 있지만, 사실 이러한 페티시는 생각보다 우리 주변에 흔하다. 예를 들자면, '안대 모에' 같은 것도 디보티즘의 한 갈래라고 볼 수 있는데, '안대'를 한 모습을 좋아하는 것은 케이팝 팬덤에서도 자주 볼 수 있다(지금 당장 생각나는 것은 2014년 f(x)의 〈Red Light〉 활동 당시 크리스탈의 모습이다). 또한 어떤 '결손 모에'도 우리 주변 오타쿠들에게서 흔히 볼 수 있는데, 예를 들어 만화 《강철의 연금술사》 속 인물들에 대한 묘사는 디보티즘적이라 읽을 수 있으며, 이를 다루는 팬덤 속에서의 반응도 때때로 디보티즘적이었다.

이들의 문제는 신체에 대한 욕망에서 그 사람의 개별적 존재에 대한 사랑으로 나아가지 않고, 결국 '예외적으로 장애인을 사랑해주는' 자기 자신에 대한 사랑에 그친다는 것"[*]뿐이라는 것이다.

하지만 사실 타자를 사랑하는 것이 아니라 '결핍 있는 타자를 사랑하는 자신'에게 도취되는 것은 꼭 디보티에만 해당되는 것은 아니다. 그런 도취감이 정치적으로 올바른 것은 물론 아니겠지만, 그런 사람들은 세상에 널리고 널렸으며 그것은 디보티만의 '죄'는 아니다. 또한 그 시작은 결핍, 결손, 손상이었을지라도 풍성하고 원기왕성한 섹슈얼리티로 나아가는 것을 디보티(혹은 디보티로 읽을 수 있는 이들) 역시 해낼 수 있다. 일라이 클레어와 새뮤얼 루리와의 관계처럼 말이다. 그렇다고 내가 트랜스젠더 당사자들에게 일라이 클레어가 그러했듯이, 네 몸을 욕망하고 사랑받을 수 있는 개성으로 받아들이라는 말을 하고 싶지는 않다. 트랜스젠더 당사자든 아니든 꼭 그래야 할 필요는 없고, 그런 의무는 사실 누구도 가질 수 없다. 나는 그저 관계에는 다양한 방향이 있을 수 있고, 다양한 맥락과 사례가 있을 수 있다는 것을 말하고 싶을 뿐이다. 누구나 자신의 삶 속 다양한 맥락에 따라 다양한 생각을 가질 수 있다.

---

[*] 김원영, 같은 책, 272쪽.

러버와 디보티를 똑같은 위치에 놓고 보는 것은 무리일 수도 있다. 장애 당사자의 몸은 상대적으로 성적으로 대상화되지 않고, 장애 당사자들은 자신들의 몸이 그저 '불쌍한 장애인의 몸' '장애를 이겨낸 대단하고 숭고한 몸'으로만 취급받는 데 지쳐 있다. 반면 트랜스젠더 당사자의 몸은 더 자주 성적으로 대상화되고, 트랜스젠더 당사자들은 자신들의 몸이 섹슈얼하게만 읽히는 데 더 지쳐 있다. 하지만 러버와 디보티 모두 상대방의 마이너리티한 요소, 보통 사람들이 '꼴리지 않는', '꼴리면 안 된다고 하는' 요소를 페티시로 삼는다. 장애 당사자들과 트랜스젠더 당사자들에게는 몸의 어떤 부분들 때문에 고통받는다는 공통점이 있는데, 그 고통받는 요소들을 이유로 그들을 사랑한다고 하는 이들이 바로 디보티와 러버라는 것이다. 디보티와 장애인의 경계가 모호할 때도 있다. 어떤 디보티들은 장애인이 되고 싶어 하기도 한다. 실제로 장애인이 되기 위해 신체 일부를 절단하거나 청력 손실을 시도하는 극단적인 경우도 있다.[**]

나는 중증 우울증과 불안장애 등을 안고 사는 정

[**] 김원영, 같은 책, 257쪽 참조. 장애와 퀴어의 교차성에 대해 더 알고 싶다면 다음의 글을 추천한다. 전혜은, 〈장애와 퀴어의 교차성을 사유하기〉, 《퀴어 페미니스트, 교차성을 사유하다》, 전혜은 외 지음, 여이연, 2018.

신장애인이기도 한데, 누가 나의 정신장애인적 모습을 좋아하거나 나의 퀴어 정체성을 보고 좋아하는 모습, 즉 나의 마이너리티가 누군가의 페티시가 되는 것을 상상해보면 딱히 유감이 생기지는 않는다. 이에 대해 내가 나이브하다는 소리를 듣더라도, 그게 그렇게 잘못인지를 묻고 싶다. 왜 어떤 욕망은 허용 가능한 페티시가 되고, 왜 어떤 욕망은 허용되지 않는 페티시가 되는가?

"피해자가 있기 때문이죠"라는 답은 완전하지 않다. '피해자'란 대체 무엇인가? 피해자로 정체화하게 만드는 것은 무엇이며, 그러지 못하게 만드는 것은 무엇인가? '당사자'가 언짢은 모든 행위 일체는 '가해'이며 '혐오'가 되는가? 우리가 겪는 주변화, 배제, 종속의 상처를 모두 '피해'라고 볼 수 있는가? 사실 인간의 실존 자체도 모두 억압당한 경험으로 구성되며, 모든 것이 '피해' 아닌가? 결국 '피해자성'을 강조한 정체성 정치는 어떤 결과를 낳는가? 셀 수 없이 많은 의문이 내 머리를 어지럽힌다. 피해자로 정체화하게 만드는 것은 무엇이며, 그러지 못하게 만드는 것은 무엇인가?

왜 이렇게 무엇 하나 명확하게 말할 수 없을까. 나도 세상이 명확했으면 좋겠다. 피해와 가해가 명확하게 나뉘고 모든 것이 명쾌하면 좋겠다. 하지만 세상은 그렇지 않다. 적어도 내가 믿는 세상은 그렇지 않다. 우리는 어떤 면에서는 퀴어이고, 퀴어하지만, 어떤 면으로는 모두 비퀴어다. 그리고, 그렇기 때문에 '러버'라는 비판, "퀴어를 페티시화하며 소비한다"라는 비판에서 완벽하게 자유로울 수 있는 퀴어는 많지 않을 수도 있다. 많은 퀴어들 역시 어떤 '개념적인 퀴어'를 동경하고 소비한다. 그리고 퀴어를 동경하고 소비하는 사람도 퀴어와 맞닿은 모호한 지점이 있다. 그러므로 '러버'를 가해자로 지목하고 '퀴어'를 그의 피해자로 지목하는 정치는, 오히려 퀴어들의 상상력과 자유를 좁히기만 할 수도 있다.

어쩌면 이렇게 모든 경계를 다 흐리는 것이, 실제로 대상화로 인해 고통받고 있는, 혹은 고통받고 있다고 주장하는 트랜스 당사자들을 더 괴롭게 만드는 것이 아닐지 걱정도 된다. 나는 그들이 괴롭기를 바라지 않는다. 나는 그들을 사랑하기 때문이다. 그들이 퀴어이기 때문에, 퀴어하기 때문에, 그래서 그들을 사랑한다. 나에게 '퀴어함'을 사랑하는 것은 퀴어한 나 자신을 사랑하는 것에서부터 이어져가는 그런 것인데, 이러한 사랑 때문에 내가 사랑하는 이들이 괴로울 수 있다는 것, 그리고 그들에게 나, 그리고 나 자신의 퀴어함 또한 혐오받을 수 있다는 것을 생각하면 가슴 아프기도 하다.

나는 "사랑이 혐오를 이긴다"라는, 퀴어혐오자들에게 대응하기 위해 퀴어 진영에서 만든 프로파간다를 믿지 않는다. 어떤 사랑은 퀴어를 아프게 한다. 어떤 사

랑은 퀴어에게 비난받는다. 어떤 사랑은 '사랑이 아니'
라고 한다. 그럼에도 불구하고 만약 어느 퀴어퍼레이드
에서 "사랑이 혐오를 이긴다고 외칩시다!"라고 누가 말
한다면, 그렇게 외칠 것이다. 어쩌면 나는 실패뿐인 길
을 걸어갈지도 모른다. 이 글 또한 실패했을지도 모르
고, 결국은 어떤 실패작으로 읽힐지 모른다. 그럼에도
불구하고 나는 나의 욕망을 직시하기 위해 노력하고,
그러면서 동시에 나, 그리고 내가 사랑하는 이들을 위
해 수많은 억압과 차별을 없애는 작업에 끊임없이 참여
할 것이다. 그렇게 사는 것이 나의 '퀴어됨'과 '러버됨'
이 함께한, 나의 삶이라고 생각한다.

　　이주와 이민을 주로 연구한 사회학자 니라 유발
데이비스Nira Yuval-Davis는 정체성의 정치를 넘어선, '횡단
의 정치'를 제안한 바 있다. 횡단주의transversalism는 동질
적인 출발점을 가정함으로써 포함이 아닌 배제로 끝나
는 보편주의, 그리고 차별적인 출발점으로 인해 어떤
공통된 이해나 진정한 대화도 전혀 가능하지 않다고 가
정하는 상대주의와는 다른 것이다. 횡단적으로 정치하
기 위해서는 나와 다른 이들을 강조하고 존중하는 동안
자신의 고유한 관점을 유지하며, 나와 다른 이들에게
다양한 위치와 관점이 있다는 것을 이해해야 한다. 횡
단의 정치는 대화에 경계가 없으며, 모든 이해 갈등은
각기 화해 가능하다고 가정하지 않는다. 횡단의 정치가

언제나 항상 가능한 것은 아니겠지만, 그럼에도 불구하고 니라 유발 데이비스는 말한다. "횡단의 통로에는 가시가 가득하겠지만 적어도 바른 길로는 인도한다."[*] 나는 실패뿐인 길을 걸을지라도, 적어도 바른 길로 가고 싶다. 그리고 우리가 그러기를 바란다.

[*]   니라 유발-데이비스, 《젠더와 민족》, 박혜란 옮김, 그린비, 2012, 237쪽.

남성 아이돌 알페스와
'여성서사' 논란에 대하여

남성 아이돌 알페스와 '여성서사' 논란

남성 아이돌 알페스, 그리고 여성서사를 둘러싼 논란과 관련된 아주 전형적인 발언은 이런 식이다. "남성 아이돌 알페스에 여성서사 끌어오지 마."* 남성 아이돌 알페스는 절대로 여성서사로 해석될 수 없다는 것이다. 이런 발언 자체에 대한 문제 제기는 둘째 치고, 일단 나는 이 사람이 말하는 여성서사란 무엇인지에 대한 의문부터 생긴다.

---

*   "남돌" "알페스" "여성서사" 등으로 트위터에서 검색을 하면, "좆 같다고. 남돌 알페스에 여성서사 끌어오지 마. 그냥 꼬추로 후장 이나 쑤시라고" 같은 발언이 검색된다. 이것은 동성애혐오적 맥락이 아닌가? 남성 아이돌 알페스는 고추로 후장이나 쑤시는 것인가?

보면 뒤진다		불년불 여성서사 부분 착즙 필수		웬만하면 보고 까자 칭찬 69줄 후에 비판 필수		무조건 보고 논문 써야함

알탕

자지만 나옴
여자는 시체로만 나옴
모든 여자가 성녀아니면 창녀임
성상품화, 불행포르노 심함
여자 분량 없음

준여성서사

여자가 주인공임
강하고 능동적인 여성상
혐애 망혼 함
성적 대상화 없음

여성서사

여자가 주인공임
주연/조연이 여자임
강하고 능동적인 여성상
자지는 강 쩌리임
결말에 혐애 망혼 안함
성적 대상화 없음

페미니즘

여자가 꾸밈노동 안했음
페미니즘 메시지 전달
주제가 페미니즘
실화 바탕 다큐멘터리

트위터에서 돌아다니는 '여성서사 표'.

저런 발언을 하는 이들이 말하는 '여성서사'란, 다음의 '여성서사 표' 속의 '여성서사'에 가까운 것일지도 모른다. 이 표는 여성서사를 아주 단순하고 명쾌하게 설명한다. 이에 따르면, 여성서사란 '자지만 나오고' '성 상품화, 불행 포르노가 심하고' '여자 분량 없는' '알탕'과는 달리, '여자가 주인공이고' '강하고 능동적인 여성상'이 등장하고 '자지는 그냥 쩌리이고' '결말에서 혐애**와 망혼***을 안 하며' '성적 대상화가 없는' 작품을 말한다. '알탕'에 해당하지 않더라도 '여성서사' 자격에 박탈되는 작품은 '준여성서사(여자가 주인공이지만, 혐애

***

**   '연애'에 '혐오한다'의 의미가 담긴 '혐'을 붙인 단어다. 연애 자체가 남성중심적이며 여성의 삶의 질을 떨어뜨리는 것, 극단적으로는 남성들의 성욕구나 충족시키는 것이라고 주장하는 이들이 이러한 단어를 쓴다. 물론 이것은 굉장히 이성애중심주의적 단어라고 할 수 있다

***   '결혼'에 '망했다'의 의미가 담긴 '망'을 붙인 단어다.

와 망혼을 함)' 등에 분류된다. 실제의 서사는 이렇게 단순하게 나뉘지 않을뿐더러, 이러한 분류가 오히려 여성서사라는 모호한 틀을 좁히고 압박하는 것이겠지만, 어떤 이들에게는 이렇게 '바람직하고 좋은 서사'로서의 '여성서사'를 딱 분류해 소비하고 싶은 욕망이 있는 것 같다.

그렇다면, 남성 아이돌 알페스에 '여성서사'를 끌어온다는 것은 대체 무슨 말인가? 남성 아이돌 알페스로 '여자가 주인공이고' '강하고 능동적인 여성상'이 등장하고 '자지는 그냥 쩌리이고' '결말에서 혐애와 망혼을 안 하며' '성적 대상화가 없는' 작품을 만들 수 있단 말인가? 대부분의 남성 아이돌 알페스는 해당 남성 아이돌을 남성 동성애를 실천하는 이들로 재해석해 서사를 만드는 것으로, 당연하게도 이 표의 여성서사 기준을 채울 수 없는 것처럼 보인다. 남성 아이돌 알페스에서 흔한 남성 동성애적 재해석은 BL에 가까워 보이기 때문이다.

BL에 대해서는 전통적으로 "여성 캐릭터를 구조적으로 배제한다"라는 비판이 제기되어왔는데, 이러한 비판은 최근 들어 더 거세진 느낌이다. 이 표에서 보이듯 '여성 캐릭터의 배제'는 곧 '여성서사의 소실'이고 BL은 남성 주인공의 이야기이므로 여성서사에서 완전히 탈락한 것이라는 주장이다. 물론, 나는 그렇게 생각

가끔 탐라에서 보는 비엘
등장인물들이 너무너무 여자가
쓴 인물이고 남자 안 같다 남자
아니다~하는 얘기들 음재밋넹
하고 걍 포스타입 읽으러 갔는데
등장인물이 남양 불매하고 있어서
쓰러져서 웃은 적 있음

BL의 등장인물들이 남자 같지 않다는 내용이 담긴 트윗이다. 이 트윗은
그 근거로 등장인물이 남성으로 설정된 남성 아이돌 팬픽에서 '남양유업
제품을 불매하는 모습'이 나왔다는 점을 들었다. 꼭 여성만 남양유업 제품
불매를 하는 건 아니겠지만, 남양유업이 '반여성적 기업(여성 직원이
결혼을 하자 정규직에서 계약직으로 전환을 하거나 해고를 하고, 분유를
만드는 기업이면서 정작 아이를 낳으려는 여성을 내쫓는 기업이라는)'으로
알려지면서 '맘카페'를 비롯한 여초 사이트를 중심으로 남양유업 불매 운동이
일어났던 역사를 살펴보면, 남양유업 제품을 불매하는 모습은 남성보다는
여성 젠더의 행동일 것이라고 추측할 수 있다.

하지 않는다. 애초에 나는 여성서사라는 개념을 그렇게
까지 답답하게 가두고 있지 않으며, 더 모호한 것이라
고 생각한다. 나는 BL이 여성 캐릭터를 다루고 있지 않
더라도, BL이 여성의 욕망을 표현하는 여성 독자와 여
성 작가의 장르이기에, 그것은 충분히 여성서사일 수
있다고 생각한다. 그리고 솔직히 많은 BL물의 등장인
물은 (그 인물이 '공'이든 '수'든) 남성보다는 여성에 가깝
게 느껴질 정도로 복잡한 심리적 표현을 하며, 그들의
연애는 현실적으로 게이 연애라기보다는 차라리 레즈
비언 연애와 더 유사하다고 느껴진다. 나는 그것들이

그려내는 캐릭터가 과연 '남성 캐릭터'인지, 그들의 동성애가 과연 '남성 동성애'였는지에 대해서도 의문을 제기하고 싶다. 남성 아이돌 팬픽 속(즉, BL 속) 캐릭터들이 여성에 가까운 행동을 하는 것은 BL 작가들이 대부분 여성이고, 사실 그들은 BL을 통해 딱히 '리얼한 남성'을 구현하는 데 별로 관심이 없으며, 오히려 '리얼한 남성성'의 구현을 상업성이 떨어지는 것, 재미없는 것으로 여기는 경향이 있기 때문일 것이다.

'남성성'을 정말로 사랑하는 헤테로 여성일지라도 '리얼한 남성성'을 사랑하기는 어려울 수 있다. 퀴어 이론가 루인은 남성성에 대해 다음과 같은 말을 하기도 했다. "근육질의 몸매, 부드러움과 같은 현대의 남성성은 TV와 같은 미디어 재현을 통해서만 존재하는 남성과 부치, 일부 FTM이 실천하는 남성성이다. 소위 아저씨라고 불리는 범주의 남성, 하지만 현대 사회의 지배적인 권력 위치에 있다고 여기는 이들은 이를 실천하지 않는다. …… 소파나 이불 속에 늘어진 상태로 뒹굴거나 밥을 할 줄 모른다고 아무런 부끄럼 없이 말할 수 있는 것이 권력 위치의 남성성 규범이기 때문이다."[*] '리얼한 남성성'은 '소파에 늘어진 아저씨', '가부장' 같은

---

*   루인, 〈규범이라는 젠더, 젠더라는 불안: 트랜스/페미니즘을 모색하는 메모, 세 번째〉,《여/성이론》제23호, 2010, 68쪽.

것, TV 예능 프로그램 〈나 혼자 산다〉에 나오는 기안84 같은 모습이지, 여자들에게 보기 좋게 꾸며진 아름다운 '남성성'이 아닐 수 있다. 그러나 여성들이 사랑한다고 말하는 남성성은 당연히 후자에 가까우며, 이들이 BL 등의 여성향 판타지를 통해 소비하는 남성성 또한 후자에 가깝다. 여기서 우리는, 그들이 말하고 욕망하며 또 소비하는 것이 과연 정말로 남성의 '남성성'인지에 대해서도 의문을 제기해볼 수 있다.

BL 속 남성은 해당 캐릭터가 표상하고 있는 껍데기만 남성일 뿐, 사실은 '남성' 젠더가 아닌 여성이 원하는 어떤 판타지적 젠더다. 그들의 연애는 게이 연애보다는 레즈비언 연애에 가깝다. 많은 레즈비언이 남성 아이돌 팬픽(BL물)을 보고 그와 유사한 연애를 하는 경향이 있고, 그러한 경향성이 있는 레즈비언들을 '팬픽이반'이라고 부르는 현상 또한 그에 대한 증거라고 할 수 있다. 정말로 BL물이 여성서사가 아니었다면, 어떻게 그 많은 여성이 그것을 쓰고 그것에 이입을 하고 그것과 유사한 성적 실천을 할 수 있었을까?

어떤 이들은 어쨌거나 BL 속 인물들이 창작물 속에서 스스로 남성임을 자각하고 있으므로 그들을 절대 여성으로 읽을 수 없으며, 고로 이것은 여성서사가 될 수 없다는 주장을 하기도 한다. 그러한 주장을 하는 이들이 잊고 있는 것은 창작물 속의 인물들이 우리와 함께 삶을 살아가는 실존하는 인물이 아니라는 점, 가상의 인물이거나 혹은 실존하는 인물을 가상으로 재해석해 만들어낸 존재라는 점, 그러니까 아무튼 '가짜'라는 점이다. '당사자의 말을 주의 깊게 들어야 한다'라는 당사자 중심주의는 당연히 창작물 속 캐릭터들을 위한 것이 아니다. 어떻게 창작물의 캐릭터들이 하는 주장을 그대로 믿으면서 창작물을 읽어냈다고 할 수 있는가? 그런 주장을 들으며 솔직히 이 시대 문학 교육에 대한 회의감까지 들었다.

중·고등학교에서 배우는 정철의 〈사미인곡〉은 화자를 '임과 이별한 여인'으로 설정해 임금에 대한 충성심을 고백하는 자기 자신의 마음, 즉 지극히 유교적인 남성 캐릭터를 표현했다. 수많은 남성 작가들이 여성 캐릭터를 쓰며 결국 남성인 자기 이야기를 하곤 했고, 수많은 여성 작가들 또한 마찬가지였다. 여성 작가인 메리 셸리Mary Wollstonecraft Shelley가 쓴 《프랑켄슈타인》의 '괴물'은 여성이 아니다. 그러나 '괴물'은 태어나자마자 존재를 부정당하고 버림받은 서사를 가지고 있고, '괴물'의 탄생 서사가 여성의 출산과 양육을 연상시킨다는 점에서, '괴물'을 여성이라고도 읽을 수 있다는 분석 또한 존재한다.

"그래도 창작물 속에서 캐릭터가 자기가 그렇다고 했으니 그 캐릭터가 한 말이 무조건 맞다"라고 하기 시작하면, 우리는 그 무엇도 제대로 읽어낼 수가 없다. 그저 이 캐릭터가 남자 모습을 하고 있으며 이 캐릭터가 창작물 속에서 스스로 남성임을 자각하고 있으니 이 캐릭터는 남자가 맞고, 그렇기 때문에 이것은 남성서사이지 여성서사가 될 수 없다고 주장하는 것은 무척 기계적 시선이며, 이는 풍요로운 해석을 위협하는 해로운 것일 수 있다.

그런데 BL에 대해서 "창작물 속 인물들이 남성으로 스스로 정체화하기에 그 인물들은 남성이고, 그것은 남성서사다"라고 주장하는 이들은, BL적인 서사에서 벗어나 남성 아이돌을 여성 젠더 등으로 해석하는 창작물, 여성으로 젠더벤딩*해서 등장한 뒤 여성 정체성을 자각한 남성 아이돌 캐릭터가 등장하는 창작물에 대해서는 어떻게 생각할까? 어떤 이들에게는 말도 안 되는 것, 불가능한 것으로 여겨지지만, 남성 아이돌을 'TS'**하거나 퀴어페스를 통해 자연스럽게 그들을 여성 젠더 등으로 재해석해서 논다면 이는 충분히 가능한 것이며, 사실 이러한 재해석은 꽤 흔하다. 퀴어페스

---

*   gender bending, 성별에 따른 기존의 성역할이나 외모의 전형적인 모습을 의도적으로 뒤집거나, 뒤섞거나, 혹은 드러내지 않는 것을 가리킨다.

**   'trans-sexual'의 약자로, 젠더벤딩을 동인계에서는 흔히 'TS'라고 말한다.

라는 단어는 꽤 최근(2017~2018년경)에 발명된 것이지만, TS와 같은 개념은 비교적 오래전부터 존재했다. 나는 2000년대 초반에 남성 아이돌 신화의 멤버 신혜성을 긴 머리의 여성 등으로 포토샵 합성을 하며 노는 문화를 보며 자랐다. 그 당시에는 그것을 'TS'라고 지칭하지 않았지만, 지금 생각해보면 당연히 그것은 TS적 연성이다.

2007년에 데뷔한 남성 아이돌 그룹 샤이니의 경우 데뷔 초 멤버들이 '여장'을 하고 출연했던 예능 프로그램의 한 코너가 팬들에게 큰 반향을 일으켰고, 그 예능을 통해 만들어진 팬덤 내에서 공식화된 멤버들의 '여성화된 이름'이 존재했으며(예를 들어, 샤이니의 멤버 키Key는 여성으로 젠더벤딩될 때 '김귀분'이라고 불렸다) 그들을 레즈비언으로 그리는 팬픽도 꽤 많았다. 다른 남성 아이돌 그룹 역시 비슷한 방식으로 그들을 젠더벤딩해 레즈비언 여성으로 그리는 팬픽이 많은 것으로 알고 있다. 2020년에 트위터를 통해, 나는 남성 아이돌 몬스타엑스의 '레즈썰'로 불리는 레즈비언 여성 젠더벤딩 TS물 팬픽들을 종종 읽어왔는데, 몬스타엑스도 샤이니의 경우와 비슷하게, 그들이 출연한 '여장' 예능 속 이름을 공식적인 '여성화된 이름'으로 사용하는 것 같았다(예를 들어, 몬스타엑스의 멤버 민혁은 여성으로 젠더벤딩될 때 '이디올'이라고 불렸다).

남성 아이돌이 공식적으로 출연한 '여장' 예능을 밑바탕으로 만드는 TS물은 대부분 퀴어페스보다는 더 잘 받아들여지는 것처럼 보이는데, TS물은 어떤 경우에는 무척 확실한 퀴어페스처럼 보이기도 했지만, 그렇게 보이지 않는 경우도 있기 때문이다. 적어도 '김귀분'과 '이디올' 등이 등장하는 TS물 등은 크게 보면 레즈비언 로맨스물로도 읽을 수 있지만, 그보다는 '백합 판타지'에 더 가까워 보일 때가 많았다.* 그렇기에 TS물이 좀더 오래전부터 팬덤 내에서 암암리에 용인받아온 것과 달리, 판타지성이 떨어지고 현실의 레즈비언에 레퍼런스를 더 맞추고 있는 듯한 느낌의 퀴어페스는 더 많은 비난을 받아왔다.

2017년에 내가 참여했던 퀴어페스에서 나는 미대나 사회학과를 다니며 '영페미니스트'로서 여성운동을 하는 여성들의 이야기, '걸커(걸어다니는 커밍아웃)'라 불리는 '총여학생회장'인 레즈비언과 홍대 근처에 실존

---

* 물론 '여장' 예능 등이 있든 없든, 모든 남성 아이돌의 알페스에는 TS물이 존재해왔다. 기존 TS물에서는 남성 아이돌이 여성으로 젠더벤딩될 때 사회적으로 '여성화된' 이름을 붙이곤 하는 경향이 있었지만, 최근에는 인물의 이름을 그대로 쓰는 경향도 있는데 이럴 때는 이름 앞에 '여', '뇨타(일본어 '여체화'를 뜻하는 '뇨타이카女体化, にょたいか'에서 온 말)' 등의 호칭을 붙여 트랜스, 젠더벤딩임을 표시한다(아이돌 이름이 '김꽈꽈'라면, 팬아트나 팬픽 등을 올릴 때는 '여꽈', '뇨타꽈꽈' 등으로 구별한다).

■ 주말마다 핑크에서 입장료받는 알바하는데 오랫만에 친구들이랑 핑크온 ■ 언니랑 마주쳐서 깜짝 놀랐다 ■은 ■ 알고있었는데 왜냐면 ■ 총여라서.. 학교익게에서 총여 레즈래 글 올라왔을때 아니다 글내려라 난리났었는데..진짜였구나 하긴 걸커지 하는 ■

2017년 04월 25일 · 6:46 오후 · 에 Twitter for Android 앱을 통해

23 리트윗하고 의견 추가하기 **24** 마음에 들어요

■■ ■■■ · 17년 04월 25일
■■■ 님에게 보내는 답글
딴학교는 총학이 커밍아웃도 하고 그러던데 우리학교는 뭐이따위야 새삼 욕하는 ■ 학교생활 존나안래서 ■이랑 마주칠일 없었다 그래도 사진보고 잘생겼다 생각했는데.. 잠깐 쉬는시간에 ■ 스테이지쪽 슬쩍보니까 ■언니 신나게 춤추는게 보이는데 존나..깬다..

♡ 1   ↻ 3   ♡ 5

■■ ■■■■■
저는 90년대 페미들은 한국밖에 몰라가지구.. 영페미니스트 ■ ■■ ㅋㅋㅋㅋ 지하철 역사를 떠돌면서 성추행방지퍼포먼스를 하는 두사람.. ■은 사회학과다니고 총여해요 ■은 미대생 요즘은 달나라딸세포라는 웹진을 운영해요 둘은 페미니즘 문화제에서 만났지요

2017년 04월 25일 · 4:34 오후 · 에 Twitter for Android 앱을 통해

3 리트윗 **4** 마음에 들어요

■■ ■■■ · 17년 04월 25일
■■■ 님에게 보내는 답글
근데 ■팔자에 없는 성폭력대책위원회 한번 겪은 후(망할 단위내에 성폭력 가해자랑 안엮인 애 ■정도가 다녀서 ■이 일 다해야했음) 치떨고 모든일에 손떼고 유학준비에 몰두하고 ■은 그래도 여성운동에 희망 안잃어서 둘은 점점 소원해지는데..

♡   ↻ 1   ♡ 2

NCT 멤버 중 R(가명)과, J(가명)를 중심으로 하는 퀴어페스의 예시로, 가려진 부분은 멤버들의 이름이다. 2017년 초반, NCT 멤버들의 '레즈비언스러움'을 착즙해 그들을 레즈비언으로 재해석하는 것이 살짝 유행했다. 그러나 그 유행을 함께했던 많은 이들이 지금은 계정을 없앴거나, 더 이상 계정을 볼 수 없게 해놓았고, 2022년 현재 아카이빙이 가능한 것은 거의 없다.

했던 레즈비언 클럽인 '핑크홀'에서 주말마다 아르바이트를 하는 레즈비언의 이야기 등을 썼다. 당시에 남성 아이돌 두 명이 레즈비언 캐릭터로 여성영화제에서 만나는 〈망원동에서 안산까지〉라는 제목의 팬픽, 남성 아이돌 두 명을 각각 여성 교수, 여성 학생으로 그린 팬아트 만화도 있었다. 모두 남성 아이돌의 '레즈비언스러움'을 착즙해 그들을 레즈비언 여성으로 재해석한 작업들이었다.

그렇다면 "여성으로 정체화한 이들이 등장하는 창작물을 여성서사로 대우해줘야 한다"라고 주장하는 사람들은 이러한 재해석 놀이를 인정한다고 할까? 그들은 높은 확률로 오히려 더욱 화를 냈다. 어떤 사람들은 이것이 남성 아이돌을 통해 '여성서사'를 빼앗는 것이라는 비판까지 했다. "왜 남성 아이돌로 레즈비언 만들어서 노냐? 불쾌하고 기만적이다. 이는 여성서사를 빼앗는 것이다." 남성 아이돌을 가지고는 남성 동성애 같은 남성적 해석만이 가능하므로 그것만 하라고 주장하는 이들은 남성 아이돌은 절대로 '여성'이 될 수 없으며, 그렇기에 남성 아이돌로 여성의 이야기를 하는 것은 기만이고 '여성서사'를 빼앗는 것이라고 말한다. 그런데, 남성인 존재는 절대로 '여성'이 될 수 없는 것인가? 그들의 주장에는 분명 트랜스혐오적 맥락이 담겨 있다.

물론 여성으로 재해석되는 남성 아이돌 '본체'가

여성으로 트랜지션을 할 확률은 아마도 아주 낮을 것이다. 그러나 그렇다고 해서 그를 절대 여성으로 재해석하면 안 되는 것인가? 그가 여성 '당사자'가 아니므로 그를 여성으로 재해석할 수 없다는 것은, 그가 '당사자'가 될 수 있는 것만으로 그를 재해석할 수 있느냐는 의문을 낳는다. 많은 남성 아이돌은 가난하지 않고, 장애가 없으며, 마이너리티 정체성과는 거리가 멀어 보인다. 그러나 그들은 재해석된 창작물 속에서 '노란장판물'* 속의 가난한 인물이 되기도 하고, 장애가 있는 인물로 나오기도 하며, 온갖 마이너리티 정체성을 가진 인물로 그려지기도 한다. 이를 두고 "어째서 당사자성이 없는 인물, 절대 '당사자'가 될 수 없을 인물로 어떠한 마이너리티의 서사를 빼앗는가"라고 이의를 제기하는 경우는 거의 없다. 남성 아이돌을 여성으로 해석할 때만 등장하는 논리다. 다른 '당사자성'은 빼앗겨도 되는 것이지만, '여성'이라는 '당사자성'은 절대 빼앗기면 안 되는 것인가? 어째서 그것만은 안 되는 것인가?

---

*　가난과 불행 페티시를 담은 콘텐츠를 서브컬처계에서는 흔히 '노란장판물'이라고 부른다. 이는 한국 사회에서 저소득층 주택에 주로 '노란 장판'이 깔려 있는 모습 때문인 것으로 보인다. 그러나 개인적으로 나는 한국 콘텐츠만을 두고 '노란장판물'이라고 하지는 않는데, 일본 만화인 사이바라 리에코西原理惠子의 《우리집》(2011)은 전형적인 '노란장판물'의 사례라고 생각한다.

남성 아이돌을 여성으로 재해석하는 것이 여성의 당사자성을 빼앗는 것이라고 주장하는 이들은 '여성'이라는 것을 자신들만의 것으로 여기는 경향이 있다. 자신들이 소유한 아주 중요한 것이어서, 이를 감히 가지고 논다는 것에 그들은 무척 화가 나는 것 같다. 하지만 '여성'이라는 것은 그들만의 것이 아니다. 그것을 소중하게 여기는 태도야 문제될 것이 없고 오히려 권장할 만한 일이겠지만, 그것을 자신들만의 것으로 여기는 태도는 매우 문제적이다. '여성'이라는 것은 BL 속 캐릭터의 젠더 문제처럼 모호할 수 있으며, '여성서사'란 앞서 나왔던 '여성서사 표'의 구분처럼 딱 잘라 말할 수 없다. '여성'의 모호함, '여성서사'의 모호함을 무시할 때, 우리의 '여성서사'는 오히려 더 좁아질 수 있다.

"여성서사를 빼앗겼다"라는 말도 생각해보자. 그것은 정말로 '빼앗긴 것'인가? 네이버 국어사전을 찾아보면 '빼앗다'라는 단어는 "1. 남의 것을 억지로 제 것으로 만들다. 2. 남의 일이나 시간, 자격 따위를 억지로 차지하다. 3. 합법적으로 남이 가지고 있는 자격이나 권리를 잃게 하다"라는 뜻이다. 그러나 퀴어페스를 통해 레즈비언적 서사놀이를 하던 이들은 남의 것을 억지로 제 것으로 만들지 않았다. 퀴어페스 썰을 풀던 이들은 대부분 여성, 레즈비언 여성, 퀴어 여성이었고, 자신들의 이야기를 남성 아이돌을 통해 풀어나간 것뿐이다.

왜 여성 아이돌이 아닌 남성 아이돌을 통해 자신들의 이야기를 풀었느냐 묻는다면, 레즈비언 부치 등의 겉모습이 여성 아이돌보다는 남성 아이돌에 더 가깝기 때문이라는 말밖에 할 수 있는 말이 없다. 어떤 레즈비언들은 싫어할 이야기겠지만, 레즈비언 클럽이나 바에 갔을 때 더 자주 보이는 사람들은 지코나 지드래곤, 조승연(우즈)과 같이 생긴 사람들이지, 트와이스, 블랙핑크 같은 스타일의 사람들은 아니기 때문이다. 내가 지금까지 만나왔던 레즈비언을 비롯한 퀴어 여성들, 비남성들 또한 그랬다. 그렇기에 나는 남성 아이돌의 외모로 여성 퀴어적인 이야기를 하는 것이 익숙하고 훨씬 더 자연스럽게 느껴진다. 나는 레즈비언 페미니스트 당사자로서, 미대나 사회학과를 다니며 '영페미니스트'로서 여성운동을 하는 여성과 같은 캐릭터, '걸커(걸어다니는 커밍아웃)'라 불리는 '총여학생회장'인 레즈비언, 홍대 근처에 실존했던 레즈비언 클럽인 '핑크홀'에서 주말마다 입장료 받는 알바를 하는 레즈비언과 같은 캐릭터의 외모가 여성 아이돌보다 남성 아이돌에 가깝다는 설정이 훨씬 더 납득이 되고 현실성이 있다고 생각한다.

여성 퀴어 당사자들이 자신에게 익숙한 소재를 가지고 자신의 이야기를 하는 것이 어떻게 '남의 것을 억지로 제 것으로 만든 것'이 될 수 있는가? 그리고 내가 남성 아이돌의 이미지를 이용해 내 이야기를 하면 그것은 나의 이야기가 아니라 해당 남성 아이돌의 이야기가 되는가? 그러면 '빼앗긴 여성서사'는 해당 남성 아이돌의 것이 되는가? 이해되지 않는 흐름이다.

　여성서사 혹은 그 비슷한 것을 남성 아이돌을 밑절미 삼아 썼다고 해도, 그것이 해당 남성 아이돌에게 도움이 되는 것도 아니다. 어떤 남성 아이돌을 레즈비언 부치라고 재해석을 한 것을 두고 그를 무해한 존재로 해석했기에 그에게 도움이 되는 것이라고 여긴다면, 나는 그렇게 여기는 이가 부치에 대해 전혀 모르고 있으며, 부치를 비롯한 여성을 무조건 '해롭지 않은 것'으로 해석하는 사고방식이 무척 이상하다고밖에는 말할 수 없다(여성도 당연히 인간이기에 해로울 수 있다. 내가 여기까지 말해야 하는가).

　어떤 남성 아이돌을 레즈비언 부치라고 재해석하며 노는 것은 레즈비언들의 유희고, 이를 통해 이득을 얻는 것은 그 놀이로 재미를 보는 레즈비언뿐이다. 레즈비언을 비롯한 여성 퀴어들의 재미를 위한 놀이가 여성서사를 빼앗는 것이라면, 사실 그 여성서사는 어디에서 어디로 이동된 것, 즉 빼앗긴 것이 아니라 그냥 그자리에 있었던 것 아닐까. 실은 빼앗긴 적 없는 여성서사를 빼앗겼다고 말하고 있는 자들의 욕망은 대체 무엇일지 궁금하다. '클린'해야 하는 여성서사를 빼앗긴 '피해자'가 되고 싶은 욕망인 걸까?

그리고 그러한 논란을 대하는 '나'에 대하여

'무엇은 여성서사고 무엇은 아니다' '무엇은 여성서사를 빼앗는 것이다'라는 이러한 비판, 논란에 대한 나의 솔직한 심경은 상당히 지겹고 지친다는 것이다. 비슷한 이야기, 논쟁, 비판을 가장한 비난이 3년 넘게 돌고 돈다. 맞받아쳐도 상대방은 듣지 않는다. 퀴어혐오자들과 대화할 때와 비슷한 심정이랄까. 어차피 그들의 마음속에 이미 답은 정해져 있어서 내가 무슨 이야기를 하든 듣지 않는 것 같다. 그렇다면 나는 무엇을 위해 이러한 이야기를 쓰고 있는가?

나는 항상 메인스트림에 끼지 못하고, 지워지고, 뭉개지고, 없는 것 취급당하고, 주변부에 존재하고, 남들에게 '저런 애가 여자는 아니었으면 좋겠지만 그렇다고 쟤가 남자인 건 절대 아니야' '기분 나빠'와 같은 취급을 받는 여성들 혹은 비남성들에게 정이 갔다. 내가 그런 존재에 가깝다고 느껴왔기 때문이다. 그런 존재들은 자주 인정받지 못했다. 이해받지 못하고 환영받지 못했다. 그들의 활동은 자주 묻히고 잊혔다. 그렇다고 그들이 정말로 '없는 존재'였는가? 아니다. 아마도 인류의 역사를 통틀어 무언가에 미달된 존재들, 마녀들, 혹은 마녀조차 되지 못한 여성들 혹은 비남성들은 계속해서 존재해왔을 것이다. 그들은 "페미니스트" "꼴페미" 소리를 듣기도 하고, "흉자(흉내자지)" "명예남성" "한남" "여성인권을 낮추는 존재" 소리를 듣기도 한다. 어떨 때는 레즈비언, 퀴어, 트랜스젠더라고 공격받기도 하고, 어떨 때는 "너는 '진짜 레즈비언'도 아니다" "트랜스젠더도 아닌 '패션퀴어' 주제에" 같은 소리를 듣기도 한다. 그리고 자주 "미친년", "정신병자" 소리를 듣는다. 그들은 오타쿠 문화나 퀴어 문화, 레즈비언 문화, 여성 문화 같은 마이너리티 문화 속에서도 또다시 마이너리티가 되고 만다. 나는 그런 패턴을 보는 것이 조금 슬프다. 내가 이렇게 주변부에 대한 이야기를 하면, 누군가는 "그게 무슨 주변부냐. '진짜 불행'은 이것(바로 나의 것!)이다"라고 말하며 후려칠지도 모른다. 그리고 그 말은 정말로, 정말로 맞는 말일지도 모른다.

하지만 그렇다고 해서 내가 말하는 주변부가 주변부가 아니게 되지는 않는다. "내가 마이너 중의 마이너고 그래서 불행해요" 같은 말을 하려는 게 아니다(여러모로 사실도 아니다). 나는 지금 어떤 '불행'이나 '행복'에 대한 이야기를 하고 싶은 게 아니다. 나는 무언가에 미달하는 애매한 존재들이 역시 애매하고 미달하는 무언가에 대해 입을 열기 시작했을 때, "그것이 뭐가 미달

이냐"라며 '진정성'을 따지거나 그것의 어떤 애매함을 무시하고 단편적으로 그들을 판단하는 데 완전히 질렸다. 나는 어떤 이들이, 자신들만이 당사자고, '진정한' 피해자고, 너는 아니라고 말하는 데 완전히 질렸다.

나는 몇 년 전에 봤던 f(x)의 멤버 엠버의 트윗을 자주 떠올린다. 그는 말했다. "'너는 여자처럼 언제 할 거야?' 저는 여자에〔예〕요. 여자는 원하는 스타일로 사는 거에〔예〕요. 이런 거 조금 그만합시다." 이 트윗은 엠버에게 사회적 '여성성'을 강요해왔던 이들에게 보내는 말로, "여자는 원하는 스타일로 사는 거"라는 말이었지만, 나는 엠버의 말을 확장해서 받아들이고 싶다. '여자'를 비롯한 세상 모든 애매한 존재들, 비남성들은 그냥 원하는 스타일로 하고 싶은 것 좀 하면서 살면 된다고. 그래도 괜찮다고. 그리고 그런 것에 대해서 과도하게 비난하고 공격하는 것에 대해서는 "이런 거 조금 그만합시다"라고 점잖게 말하고 싶다. 나의 이런 글을 읽고 또 어떤 이는 내가 엠버의 '여성'으로서의 발언을 곡해하고 이용한다고, 혹은 빼앗는다고 말할 수도 있겠다. 하지만 뭐 어떤가. 그런 말은 이제 "조금 그만합시다".

케이팝의 퀴어베이팅, '비게퍼', 퀴어착즙

"남자, 좋죠!"라는 말은 왜 게이의 말로 읽히지
않았는가

콘서트에 가는 것은 아이돌 덕질의 가장 빛나고
즐거운 부분 중 하나다. 물론 콘서트 표를 구하는 것은
(어떤 아이돌 콘서트냐에 따라 조금씩 다르겠지만) 금전적
으로든 정신적으로든 힘들 수 있고, 콘서트에 가는 것
자체가 체력적으로 힘들 수 있지만, 같은 아이돌 덕질
을 하는 '덕후'들이 잔뜩 모여 신난 모습을 바라보는 것
자체가 인류학적인 즐거움을 선사한다. 물론 내가 스마
트폰 액정 너머로나 보던 '최애'들을 실물로 보는 것도
무척 즐거운 일이다. 실물이라고 해봤자 망원경 너머
로 보이는 엄지손가락 정도의 크기였지만. 십몇만 원의
돈을 내고 무더위를 뚫고 간신히 입장한 올림픽 경기
장 3층에서 면봉만한 크기의 내 소중한 이들을 바라보

며 다 함께 소리를 지르는 것은, 꽤 중독적인 즐거움을 가진 비일상적 이벤트로서 나에게 좋은 추억들로 남아 있다.

이 좋은 추억들 속에서 문득 떠오르는 에피소드가 하나 있다. 2016년 7월 24일, 엑소 콘서트장에서 엑소의 멤버 세훈이 이런 엔딩 멘트를 했다.

콘서트에 오신 모든 분들을…… 한 분 한 분씩 봤어요! 아니, 아니, 다 보진 못했죠. 근데 40퍼센트 이상은 봤어요. 천천히 돌아다니면서…… 아직 젖살이 안 빠진 어린 친구들도 왔고, 화장도 이렇게 하고 최선을 다해서 오신…… 남성분들도 오시고…… 다양한 분들이 오셔서 기분이 좋더라고요. 그리고 남성분들이 확실히 많이 오셨어요. 저한테 막 손을…… 설레더라고요. [여기서 다른 멤버 시우민이 다급하게 수습하듯 끼어들며 말한다. "설렐 수 있어요! 설렐 수 있어요!"] 남성분들도 엑소를 많이 좋아해주셔서 뭔가 좀 뿌듯(?)하더라고요. 물론 아까도 얘기했다시피 화장도 많이 하시고 [화장하는 여성 팬분들은 콘서트에 항상] 많으시니까 당연히 감사드리지만, [이번 콘서트에는] 남성분들이 많으시니까 너무 좋더라고요. 그리고 음……. 무슨 말 할까……. [시우민: "결론은 남성분이 좋다는 거예요, 지금."] 남자, 좋죠!*

세훈은 분명하게 '남자가 좋고, 남성에게 설렌다'라고 말했다. 나는 콘서트장에서 직접 그 발언을 들으면서 '어머, 이거 세훈이 게이 커밍아웃 아냐?' 하고 생각했는데, 나중에 트위터와 같은 팬 커뮤니티를 보고 나서야 이 발언을 나처럼 생각하는 이들이 거의 없다는 것을 알게 되었다.

다른 팬들은 그 발언을 그저 '엑소 막내 세훈이의 도발적인 귀여운 표현' 정도로 여기거나, 엑소 팬의 대부분을 차지하는 여성 팬들에 대한 무시와 배제로 여겼다. 엑소 팬의 대부분은 정말로 20대 여성들이고, 많은 이들이 '화장을 많이 하고' 잔뜩 꾸민 '여성적인' 모습으로 콘서트장에 온다. 많은 남성 연예인이 젊고 '여성적인' 여성들에게만 지지받는 것을 '자신의 커리어를 제대로 인정받지 못하는 것' '모욕적인 것'이라 여기고, 남성 소셜의 지지를 받기 위해 충성도가 높은 여성 팬들을 무시하는 등 별짓을 다 하며 구질구질하게 굴기도 한다. 나는 그렇게 읽고 싶지 않지만, 어떤 이들에게는 세훈의 저 발언 또한 그런 넓은 의미의 여성혐오적 발

---

*   EXO, 〈EXO'rDIUM〉 콘서트, 2016년 7월 24일, https://youtu.be/xb_4JIfUSH0(해당 발언은 16:30부터).

언으로 읽힐 수 있을 것이다. 하지만 저 발언을 '남성에 대한 욕망'으로 읽는다면 어떨까? 물론 그 욕망은 남성 개개인이라기보다는, 남성 소셜에게도 지지받고 사랑받는 '나'에 대한 욕망에 더 가까울 수도 있다. 아무튼 "남자, 좋죠" "〔남자에게〕 설레더라고요"라고 말한 것은 분명한 사실이고, 욕망의 근원이 불순하다고 하더라도 어쨌거나 그것은 남성에 대한 욕망이다.

아이돌의 어떤 발언이나 행동은 분명 동성애적으로 읽힐 수 있는데도 팬들에게 무시당하거나 전혀 다르게, 즉 비동성애적으로 해석되는 경향이 있다. 그런데 또 어떤 발언이나 행동은 과도하게 동성애적으로 해석되곤 한다. 이때 팬덤 내에서 동성애적으로 해석되는 아이돌의 발언과 행동을 흔히 '비게퍼'라고 부른다. 이는 '비즈니스 게이 퍼포먼스'의 약자로, 주로 아이돌들이 스킨십 등을 통해 동성인 아이돌 멤버 간의 친밀감을 보이는 것을 일컫는 말이다. 비게퍼는 미디어에서 서브 텍스트를 통해 퀴어를 재현하는 듯한 행위를 내비치며 시청자들의 관심을 낚지만, 정말로 퀴어를 재현하는 것은 아니라서 일반 대중의 불편함 등은 피해가는 얄미운 방식이라고 비판받곤 하는 '퀴어베이팅 queerbaiting'의 일종으로 볼 수도 있다. 퀴어베이팅에 대해서는 퀴어들 안에서도 말이 많지만, "이건 퀴어베이팅이니 기만이다" 정도에 머물고 있는 수준이고, 무엇이 퀴어베이팅이 되고 무엇은 그런 것조차 되지 못하는 지에 대한 논의는 없는 듯하다.

비게퍼 뜯어보기: '비즈니스 게이 퍼포먼스'라는 기묘한 조어

아이돌 팬덤 내에서 '비게퍼'는 주로 동성 멤버들이 그들의 친밀감을 드러내는 로맨틱하거나 성적인 육체적·언어적 표현을 하는 데 한정되어 쓰이는 경향이 있다. 예를 들어, 트위터 같은 공간에서는 두 남성 아이돌이 다정하게 손을 모아 하트 모양을 만드는 모습이나 입을 맞대고 거의 입맞춤에 가까운 스킨십을 하는 모습 등을 '비게퍼'라고 부른다.

이런 비게퍼에 대한 팬덤 내 반응은 굉장히 다중적이다. 사실 많은 팬들이 '비게퍼적'인 순간들을 보면 즉각적으로 행복한 비명을 지르며 즐거워한다(콘서트장에서 갑자기 이런 순간이 등장하면, 공연장 내 데시벨 수준은 멤버들이 상의 탈의를 했을 때와 비슷한 정도일 것이다). 그리고 많은 경우 그러한 비게퍼적 순간들을 팬픽과 같은 알페스의 소재로 써먹곤 한다.

그러나 동시에 많은 팬은 비게퍼를 싫어하기도 한다. 아이돌이 자기 자신을 팬픽과 같은 알페스 시장에

오직 남성 아이돌의 '비게퍼'를 비난하기 위한 용도로 만들어진 것으로 보이는 수많은 트위터 계정 중 일부. 흔히 '알계'*라고도 불리는 이러한 계정들은 주로 '비게퍼' 등 자신의 마음에 들지 않는 행동을 하는 해당 아이돌을 심리적으로 압박하기 위해 만들어진다.

---

*   트위터를 처음 시작한 유저나, 프로필 사진을 따로 설정하지 않은 트위터 유저의 프로필 사진은 지금은 사람 모양이지만, 예전에는 알 모양이었다. 누군가를 공격하기 위해 자신의 공개된 계정과 분리하여 익명으로 새로 만든 계정의 경우 거의 그러한 알 모양을 하고 있었으므로 그러한 저격용 계정을 지금도 흔히 '알계'라고 부른다.

서 먹히게끔, 팔리게끔 하기 위한 수단으로 보기 때문이다. 그들은 그 아이돌의 비게퍼가 알페서(알페스 향유자)들에게 어떤 이미지를 셀링하고 있는 것인지 분명하게 인지하고 있으며, 그 '셀링을 한다'라는 부분을 경멸한다. 그게 무엇이든 간에 '이미지'를 판매한다는 것은 상업적 형태의 아이돌에게는 어쩔 수 없고 당연한 일일 수 있다는 것을 본인들도 잘 알고 있으면서, 무언가를 팔기 위해 하는 것, '티 나는 것'을 경멸한다. "노림수 티 난다" "인기를 얻으려고 무리수를 둔다"라며 비게퍼를 하는 아이돌을 강하게 비난한다.

아이돌은 아이돌로서 어떠한 이미지를 셀링해야만 하고 그러기를 요구받는 동시에, 그것이 '티가 나면' 욕을 먹고 비난을 받는다. 아이돌은 '진실해야 하지만 그것이 팬들의 마음에 드는 모습이어야 한다'라는, 사실상 거의 불가능한 미션을 매일매일 수행하며 살아가야만 한다. 나는 시시각각의 모습을 비판당하고 비난당하고 평가당하는 그들의 삶에 애잔함을 느낀다. 그러나 다만 여기에서는, '비게퍼'라는 단어 자체에 좀더 집중해보고 싶다.

나에게는 비게퍼, 즉 '비즈니스 게이 퍼포먼스'라는 조어 자체가 좀 기묘하게 느껴진다. 따져보자면 '비헤퍼'라는 말은 널리 쓰이지 않으면서 '비게퍼'라는 말이 자주 쓰이는 것 자체가 웃긴 일이기도 하다. 어떤 남성 아이돌의 헤테로 퍼포먼스(아이돌에게 헤테로적인 행동은 금기시되기도 하지만, 때때로 아이돌은 헤테로적 연기와 행동을 요구받고 수행한다)에 대해서는 (주로 2012년부터 2015년까지 쓰이던 표현이지만) "내 남자의 비즈니스"라는 식으로 좀더 멋들어지게 부르던 경향과 비교하자면, '비게퍼'라는 단어와 그 단어의 쓰임에는 분명 동성애혐오의 맥락이 존재한다. 트위터에서 "내 남자의 비즈니스"를 검색하면, 주로 남성 아이돌이 헤테로적 수행을 하는 모습, 그리고 그것에 대해서 팬덤이 '참고 인내할 것'을 강조하는 모습이 나온다. 이는 남성 아이돌 팬덤에 속한 이들이 남성 아이돌을 이성애적으로 소비하며 남성 아이돌과 엮인 여성 연예인 등을 질투할 것이라는 이성애중심주의, 그리고 '남자가 이성을 만나는 것은 당연한 것이므로 참고 인내해야 할 일'이라는 낡은 가부장적 개념 등을 밑바탕에 깔고 있다. 반면 동성 간의 성애적 수행은 그것이 '비즈니스'적 성격을 띠고 있는 것이 눈에 훤히 보이더라도, '참고 인내해야 할 일'로 그려지기보다는 훨씬 더 '비난해도 될 만한 일'로 여겨지는 경향이 있다. 이는 분명 동성애혐오적이다.

'비즈니스 게이 퍼포먼스'라는 표현에서 '비즈니스'라는 부분을 뜯어보자. 사실 누군가 어떤 행동을 했을 때, 그것이 비즈니스인지 아닌지 타인이 어떻게 판단할 수 있을까. 노동을 해본 이들이라면 알겠지만, 노동 시간 중의 모든 행동은 반드시 비즈니스적 모먼트가 되지 않는다. 우리는 열심히 일하는 도중에도 가끔 딴짓을 하고, 동료들과 시시덕거리기도 하고, '월급루팡'으로 불리는 행동도 한다. 아무리 성실하고 근면하고 고용주에게 충성하는 인간이어도, 그 순간들은 존재할 수밖에 없다. 아이돌의 경우, 출퇴근 시간이 일정하지 않고, 개인적 삶의 많은 부분이 브이앱, 유튜브, 인스타그램, 트위터 등의 SNS를 통해 파편화되어 전시되고 있으며, 그러한 전시 자체가 노동의 성질을 지니고 있으므로 더더욱 삶과 노동이 명확하게 분간되기가 어려워 보일 때가 많다. 이런 아이돌의 삶에서 어떤 것은 '비즈니스'로 부르고, 어떤 것은 부르지 못할 수 있을까? 그리고 우리는 그것을 판단할 수 있을까?

분명 아이돌 멤버 간의 친목을 전시하는 것은 노동의 면모가 있기는 하다. 팬들이 그런 전시를 원하고, 그런 전시가 인기를 끌 것을 아이돌도 당연히 알고 있다. 그러나 모든 친목이 노동은 아니다. 설령 노동으로서의 퍼포먼스라도, 노동의 순간과 그렇지 않은 순간이 뒤섞여 있을 수 있다. 아이돌의 노동을 무시하거나, 아이돌의 모든 행동을 '순수'하게만 보려는 게 아니다. 그저 우리가 노동이라고 보는 것은 무엇이고, 그렇게 보지 않는 것은 무엇인지에 대해 생각할 필요가 있다는 말이다.

'비즈니스 게이 퍼포먼스'의 두 번째 단어인 '게이'에도 주목해보자. 이 조어에서 가장 문제적인 부분일 것이다. 비게퍼를 말하는 이들에게 '게이'란, 동성애자라기보다는 '동성연애자'에 가깝기 때문이다. 동성애란 다양한 성적 지향 중 하나로, 자신과 같은 성을 가진 사람을 상대로 성적인 끌림과 로맨틱함 등을 느끼는 성적 지향을 말한다. 그리고 그러한 성적 지향을 가지고, '동성애자' 혹은 '게이', '레즈비언' 등의 단어로 자신을 표현하는 이들을 흔히 '동성애자'라고 한다. 반면 '동성연애자'란 '동성애'보다는 '동성연애'에 더 초점을 맞춘 표현이다. 동성연애란 동성인 두 사람 사이에 성립하는 다양한 형태의 낭만적이거나 성적인 관계, 성적인 행위를 주로 뜻한다. 당연히 동성애자가 동성연애를 원할 수 있고, 동성 간의 로맨틱하거나 성적인 관계 등을 맺을 수 있으며, 그것은 동성애자에게 흔한 일이다. 하지만 동성애자가 곧 동성연애자인 것은 아니다.*

그러나 '비즈니스 게이 퍼포먼스'를 말하는 이들은 비게퍼 속 '게이', 즉 '동성애'를 '성적 지향'이 아닌 '성적 행위'로 생각하는 경향이 강하다. 동성애적 행동에는 동성 간 성행위, 혹은 동성 간 성행위로 진행되기 위한 행위들만이 있는 것은 아니며, 우리의 상상보다 훨씬 더 다양하고 풍요로운 행위들이 있을 수 있다. 그러나 비게퍼를 말하는 이들은 동성 간 성적 행위가 아닌 동성애적 행동은 '게이적 행동'으로 판단하지 않는 경향이 있다. 예를 들자면, 내가 이 글의 서두에서 인용한 엑소 세훈의 "남자, 좋죠!"라는 말은 비게퍼를 말하는 이들에게 '게이적 행동'이 아니라고 판단된다. 남성이 남성에 대해서 설레고 좋다고 발언했는데도, 그것이 직접적인 남성과의 성적 행위(스킨십 등)가 아니었기에 게이적인 행동이나 발언으로 읽히지 못한 것이다. 하지만 당연히 "남자가 좋다"라는 말은 남성 동성애적으로도 읽을 수 있다.

비게퍼를 말하는 이들은 너무나 '게이 퍼포먼스'로 읽을 수 있는 행동인 '기갈' 역시 '게이 퍼포먼스'로 읽지 않는다. '기갈'이란 게이 커뮤니티에서 사용되는 은어로, 주로 게이다운 끼, 큰 제스처, 성적인 매력 등을 발산하는 것을 가리키는 말이다. 요즘에는 게이 커뮤니티를 넘어서, 게이 등 남성 동성애자를 혐오하는 세

---

*   '동성연애자'라는 표현에는 '연애에만 매달리는 성적인 존재'라는 부정적인 의미가 짙게 깔려 있기에, (동성애자라는 호칭이 동성애자를 하나의 인격체로 지칭하는 말인 반면) 게이 인권 운동 단체인 친구사이의 활동가 천정남 사무국장의 말처럼 "동성연애자라는 호칭에는 온갖 차별과 혐오가 응축되어 있다". 신윤동욱, 〈동성연애자? 장애자? 틀렸어!: 소수자들에게 '비정상'의 굴레를 씌워 왔던 호칭들의 새로운 이름찾기〉, 《한겨레21》 제303호, 2000년 4월 13일 자, http://legacy.h21.hani.co.kr/h21/data/L000403/1pbt4304.html.

아이돌 덕질할때 가장 빡치는 상황 월드컵 결승전

VS

롱싸로 모겼다.PNG

기갈

'아이돌 덕질할 때 가장 빡치는 상황'들을 나열하고, 개중 가장 '빡치는', 즉 화나게 만드는 상황이 무엇인지 알아보는 '월드컵 게임'(월드컵 게임은 팬덤 내의 놀이 중 하나다) 중 일부. 남성 아이돌 조권이 예능 프로그램에서 '여성스러운' 춤을 추는 장면을 가져와 '기갈'의 예시로 쓰면서, '기갈'을 '아이돌 덕질할 때 빡치는 상황' 중 하나로 당연하게 집어넣었다. 이는 남성 아이돌이 '게이' 같은 면모를 보이면 '누구라도 빡칠 것'이라는 동성애혐오적 기본 전제가 깔려 있지 않으면 나올 수 없는 발상이다. 참고로 '아이돌 덕질할 때 빡치는 상황'의 또 다른 예시로는 여성혐오적 가사 논란, 룸살롱 목격담, 표절 논란, (성추행 등의 사건으로 인한) 검찰 송치 등이 있었다. 이 월드컵 게임을 만든 이는 '기갈'을 그 나머지 상황과 비슷한 급으로 여기고, 과연 어떤 것이 더 '빡칠지' 고민해볼 만큼 끔찍하고 괴로운 것으로 생각한 셈이다.

력들이 '기갈'이라는 단어를 혐오적으로 사용하기도 한다. '여성적' 느낌의 스테레오 타입의 게이를 두고 '기갈스럽다'라고 표현하는 식이다. 남성 아이돌 팬덤에서도 혐오적 맥락으로 '기갈'이라는 단어가 쓰인다. 기갈은 너무나 당연히 '게이다운' 퍼포먼스이며, 따라서 '비즈니스 게이 퍼포먼스'로도 볼 수 있다. 조권이 중년 시스젠더 헤테로 연예인들로 가득 찬 고루한 예능 프로그램인 〈세바퀴〉에 출연해 골반을 흔들며 기갈을 부리는 노동을 하는 것이 어떻게 비즈니스 게이 퍼포먼스가 아닐 수 있겠는가? 하지만 비게퍼를 말하는 이들은 절대 그러한 기갈을 비게퍼로 보지 않는다. 조권이 기갈을 부리며 게이다움을 뽐내는 모습을 오히려 '빡치는 상황'으로 보면서 그것을 '게이 퍼포먼스'로 판단하지 않는 것은 '게이'를 굉장히 협소하게 읽는 것으로 볼 수 있다.

많은 게이가 여성 아이돌과 여성 디바의 춤을 따라 추고 그들의 애티튜드를 따라 하면서, 그러한 것들을 자신의 '게이다움'이라고 여기는데, 이 역시도 절대로 비게퍼에는 포함되지 못한다. 비게퍼를 즐기고 이용하며 때때로 검열하고 비난하는 이들에게 그것은 '게이 퍼포먼스'가 아니다. 많은 케이팝 남성 아이돌이 게이 애티튜드를 가지고 있음에도 불구하고, 그들의 그런 게이다운 모습을 혐오하거나 그 모습에 대해 이야기조차 하지 않으려는 이들도 많다. 게이다운 모습을 자주 보인 아이돌의 게이다움을 이야기했다가 사이버불링을 당했던 사례는 수도 없이 많다. 그러나 그러한 게이다움을 혐오하면서도 남성 간 스킨십, 즉 동성 간 성적 행위(즉, 동성연애)로 읽을 수 있는 모습에는 열광하는 이들이 많다. 그들이 소비하는 '게이'의 범위는 지나치게 비좁다. '게이'는 단순히 동성인 남성과 성적 행위를 하는 존재인 것만이 아니다. 레즈비언도 마찬가지고 이성애자도 마찬가지다. 어떠한 성적 지향은 어떤 종류의 성적인 행위로만 규정될 수 없다.

끝으로, '비즈니스 게이 퍼포먼스'의 마지막 단어인 '퍼포먼스'에 주목해보자. 나는 비게퍼라는 '퍼포먼스'를 수행하는 순간에도 해당 아이돌이 헤테로일 수 있을지 묻고 싶다. 비게퍼라는 말 자체는 '저 행동은 꾸며낸 행동이며, 사실 저들은 다 헤테로이고, 절대 게이가 아니다'라는 믿음이 깔려 있는 말이다. 정말로 비게퍼를 하는 이들이 시스젠더 헤테로일 수도 있을 것이다. 그러나 비게퍼를 수행하는 그 순간에 그들을 시스젠더 헤테로라고 할 수 있을까? 순간의 '퍼포먼스' 속에서 어떤 끌림을 느꼈을지 우리는 알 수 없고 판단할 수 없다. 어쩌면 당사자조차도 그때의 감정을 판단하고 언어화하기 어려울 수 있다. 그것이 단순히 퍼포먼스였는지 아니면 어떠한 끌림에 가까운 것이었는지, 사실 우리는 알 수 없다.

'비게퍼'라는 단어는 '게이'를 제대로 담아내지도 못하면서, 우리가 보는 모든 것을 기본적으로 '가짜'인, 헤테로의 상업적 놀음으로 가정하는 지극히 이성애중심적인 사회의 문법 속에서 만들어진 기묘한 조어다. 물론 정말로 그것이 '가짜'이고 헤테로의 상업적 놀음일 수 있으나, 그렇지 않을 수 있다는 가능성은 지나치게 배척당하는 경향이 있다. 이 괴상하고 비좁은 '비게퍼'라는 단어 밖에서 우리는 더 다양한 퀴어함을 관찰할 수 있음에도 그것을 지켜보고 주목하는 시선들은 자주 무시당한다.

비게퍼, 퀴어베이팅, 그리고 '퀴어착즙'

많은 이들이 비게퍼와 같은 퀴어베이팅을 비난한다. 그 비난은 동성애혐오적인 맥락일 때도 많지만, 퀴어 당사자도 퀴어베이팅이 '기만적'이라는 이유로 비난하곤 한다. 비게퍼 같은 것은 시스젠더 헤테로 남자들이 알페스나 브로맨스를 좋아하는 여자들을 대상으로 하는 상업적으로 '노린' 행동, '가짜'일 뿐이고, 따라서 기만적이라는 것이다.

그런데 그것이 '가짜'이고 '기만'일 것이라는 믿음은 대체 어디에서 나오는 것일까? 무언가를 '비게퍼'라고, '퀴어베이팅'이라고 비판한다는 건 그 무언가의 본질이 게이나 퀴어가 아니라고 굳게 믿어야 가능한 것이다. 사실 나는 이 모든 것을 그렇게 굳게 믿을 수 없다고 생각한다. '비게퍼', 즉 '비즈니스 게이 퍼포먼스'는 뜯어볼수록 모호하고, '퀴어베이팅'과 '진짜 퀴어함'을 구별할 수 있는 명확한 기준 역시 없는데, 이 모든 것을 어떻게 확실하게 구별해낼 수 있다고 믿는 걸까? 혹시 그 믿음은, 이성애중심주의에서 나오는 것은 아닐까?

이쯤에서 나는 '퀴어착즙'이라는 용어를 소개하려
고 한다. 아이돌 팬덤 내에서 '착즙'이라는 단어는 2018
년경부터 쓰이기 시작했는데, 과일에서 주스를 착즙하
듯 아이돌의 어떠한 매력을 끈질기게 찾아내 소비하고
마는 행위를 '착즙한다'라고 표현하곤 한다(나처럼 아이
돌에게서 퀴어함을 찾는 이들에게는 '퀴어착즙한다'라고도
말한다). '퀴어착즙'은 퀴어함을 착즙해 소비한다는 말
로, 이는 비게퍼나 퀴어베이팅과 같은 것, 즉 '가짜'들에
게서도 '퀴어함'을 짜내 먹는 안타까운 행동, 혹은 비웃
음당해도 싼 행동으로 여겨지기도 했다. 하지만 나는
"퀴어착즙이 뭐 어떠냐"라고 오히려 되묻고 싶다.

나는 비게퍼와 같은 퀴어베이팅의 의도가 무엇인
지, 비게퍼를 수행하는 순간에 해당 아이돌이 어떤 생
각을 했는지(그 순간 그들은 아무 생각이 없었을 수도 있지
만, 어쩌면 서로에게 인간적인 호감, 유대감 정도는 느꼈을
수도 있으며, 어쩌면 정말로 섹슈얼한 흥분이나 섹슈얼한 끌
림, 로맨틱한 끌림을 느꼈을 수도 있다. 사실, 유성애자라면
이 모든 감정이 애매하게 뒤섞여 있을 때가 많지 않은가), 그
것이 '진짜'인지 아닌지 알지 못하며 알 수 없다고 생각
한다. 사실은 그것이 진짜인지 가짜인지 크게 관심도
없다. 어차피 나는 내가 믿고 싶은 대로 믿을 거니까.
퀴어와 관련된 건 무엇이든 거의 금기시하는 한국 사회

에서, 퀴어한 냄새를 조금만 풍겨도 그것이 사실은 제재당한 '진짜'일지 누가 아느냐고 어깨를 으쓱하기만 하면 모든 것을 믿어버릴 수도 있다. 그렇다. 나는 '진실'에 대해 관심이 없기에 그것이 '기만'이라고 생각하지 않는다.

이런 내가 허상을 좇는 멍청이로 보일 수도 있겠다. 하지만 이런 '허상을 좇는 멍청이짓' 자체가 퀴어한 것일 수 있다. 나에게 '퀴어착즙'이란, 오히려 이성애중심 사회에서 '가짜'로 읽히는 것들을 '진짜'라고 보며, '무언가의 본질이 절대 퀴어하지 않다거나 퀴어할 수 없다'는 믿음을 흔들고, 모든 것을 모호하게 만드는 '퀴어적 행동'일 수 있기 때문이다. 나는 비퀴어인 시스젠더 헤테로가 퀴어한 '척'도 안 하고 비퀴어 시스젠더 헤테로답게 사는 걸 보느니, 차라리 퀴어인 척하는 걸 보면서 내 상상 속에서나마 그들을 퀴어로 만들어버리는 것이 훨씬 재밌다.

그리고 이러한 왜곡들이 어쩌면 퀴어적 실천 중 하나일지 모른다고 생각한다. 혹시 누가 아나. 이렇게 나처럼 "남자, 좋죠!"라는 말을 퀴어하게 읽고, 비게퍼의 보편적 쓰임보다 더더욱 넓게 세상 모든 아이돌을 퀴어하게 읽으며, 퀴어베이팅 떡밥일 뿐인 '별것도 아닌 것'들을 별것인 양 탐욕스럽게 소비하다 보면, 정말로 세상이 미쳐 돌아서 정말로 퀴어해질지도 모른다.

그러지 않더라도, 나에게는 이미 충분히 퀴어한 세상이
긴 하지만 말이다.

2부

말해지지 않았던
욕망들

'레즈비언 정상성'에
집착하는 이들에 대하여

정상성 편입의 욕망, '레즈비언 정상성'에 대한 집착

예전에 읽고 나서 '빡쳤던' 기사가 하나 있다. 그 기사는 케이팝 여성 아이돌 트와이스의 뮤직비디오 〈What is Love?〉에서 트와이스 멤버인 정연이 '남자 캐릭터'를 연기했다는 것을 소개하면서, "가장 큰 걸그룹 소비자는 남성들이다. 그렇다 보니 남성 팬들이 거부감을 느끼면 안 되는 수준이어야 한다"라는 아이돌 기획사 관계자의 말을 빌려 트와이스 뮤직비디오에 남성이 등장하는 이성애 장면을 넣지 않기 위해 정연이 '남장'을 한 것이라는 주장을 했다. 이 기사는 이어서 '20대 레즈비언 B씨', '30대 레즈비언 C씨' 등을 레즈비언의 대표로 내세워 "성소수자 입장에서 봤을 때는 아예 여성성을 감춰버리고 정연을 남자로 이용하는 방식이 불편하다" "트와이스의 〈What is Love?〉 뮤직비디오는 오랫동안 동성애자 커플에게 주어졌던 '누가 남자 역할이고 여자 역할이냐'는 질문을 다른 방식으로 하고 있는 거나 마찬가지"라는 등의 발언을 담았다.*

이 뮤직비디오에서 정연의 모습은 정말 "아예 여성성을 감춰버리고" "남자로 이용"되는 모습이었나? 뮤직비디오 속의 정연은 그다지 여성성을 감추고 남성성만을 내세운 모습으로 보이지는 않는다. '여성의 남성성'이 아름답게 엿보이는 전형적인 '부치' 캐릭터로 보일 뿐이다. 그녀를 부치가 아닌 '남자'로 보는 것은, 부치의 존재를 모르고 세상을 남자와 여자로만 나눠 생각하는 낡고 멍청한 이분법적 사고에 빠져 있음을 나타낼 뿐이다. 그리고 애초에 트와이스의 뮤직비디오 〈What is Love?〉에서 정연이 연기한 것이 '남자 역할'이었는가? 뮤직비디오 속에서 트와이스 멤버인 정연과 사나는 영화 〈사랑과 영혼〉을 패러디하며 도자기를 빚는 유명한 장면을 재연한다. 여기에서 정연이 짧은 머리로 등장해 영화에서 남자 배우가 했던 역할을 연기하지만, 그렇다고 해서 정연이 '남자 역할'을 했다고만 읽

---

* 박희아, 〈정연의 남장은 누굴 향한 걸까〉, 《IZE》, 2018년 5월 2일자, https://www.ize.co.kr/news/articleView.html?idxno=24342.

을 수 있을까?

나는 당연히 뮤직비디오 속 그 장면을 이성애 영화를 레즈비언적으로 패러디한 작업으로 읽었고, 살짝 뻔할 수는 있지만 아무튼 재미있고 유쾌한 시도로 읽었다. 아마도 저 기사에서 '남자 역할'과 '여자 역할'을 운운한 30대 레즈비언 C씨는 부치와 펨에 대한 이해가 전혀 없는 레즈비언이었거나, 부치를 '남자 역할' 따위로 생각하는 몰지각한 레즈비언이었던 모양이다. 부치-펨 역할극은 남자 역할과 여자 역할을 따라 하는 것이 아니라 그냥 부치와 펨인 것이고, 그것은 소중한 레즈비언 문화다. 부치와 펨을 보면서 남성과 여성을 떠올리며 그들이 남자, 여자를 따라 한다고 생각한다는 것은 이성애를 기본으로 생각하는 이성애중심주의적 태도, 레즈비언 문화를 전혀 이해하지 못하는 사고를 드러낸다.

물론 남성 시청자들을 위해 뮤직비디오에 '남성'을 등장시키지 않으려는 의도로 정연을 '남장'시켜 이성애의 대용품으로 그녀를 사용하려 한 것일 수도 있다. 저 기사에 따르면, "남성 팬들에게 남자 역할도, 여자 역할도 모두 여자인 판타지를 실현"시켰을 뿐일지 모른다. 하지만 의도가 어쨌든 간에 레즈비언인 나는 그것을 그렇게 보지 않았으며, 그렇게 해석하지 않았다. 그리고 남자 역할과 여자 역할 모두 여자인 판타지가 남성만의 것인가? 당연히 아니다! 많은 레즈비언들이 그런 꿈을 꾼다! 나는 수많은 이성애물을 보며 '저 등장인물이 남자가 아닌 여성이었으면 좋겠다'는 생각을 수도 없이 많이 해왔고, 나를 비롯한 많은 여성이 그래왔을 것이다. 그 기사는 나 같은 레즈비언들, 수많은 여성과 비남성의 욕망을 무시한 셈이고, 레즈비언의 '진짜 욕망'이 '여자다운 여자'가 '여자다운 여자'를 좋아하는 것이라고 만들려는 시도인 셈이다. 하지만 당연히, 그것만이 레즈비언의 욕망은 아니다.

따지고 보면, 저 기사 속 레즈비언들의 말들은 레즈비언의 '티부' 혐오 사례에 가깝다고 볼 수 있다. 레즈비언 커뮤니티에는 '여성의 남성성'이 지나치게 드러난 것처럼 보이는 듯한 '티 나는 부치', 즉 '티부'에 대한 혐오를 적극적으로 발산하는 유해한 문화가 존재한다. 저 기사 속 레즈비언들은 정연을 '티부'로 읽고 그에 대한 혐오감을 드러낸 것이다. 어떤 이들은 '티부' 혐오가 레즈비언 공통의 감정이라고 치부하는데, 그것은 당연히 사실이 아니다. 저 기사에서 레즈비언을 대표하는 것으로 등장하는 레즈비언 B씨와 C씨의 말이 사실 전혀 레즈비언을 대표하는 발언이 아닌 것처럼 말이다.

레즈비언은 아주 아주 다양하다. 이성애자가 다양하듯이 레즈비언 역시 다양하다고도 말할 수 있겠다. '여자를 좋아한다'는 것 외에는 서로 아무런 공통점이 없는 레즈비언들도 있다. 어떤 레즈비언은 펨을 좋아하고 어떤 레즈비언은 부치를 좋아하며 어떤 레즈비언은 "펨, 부치 나누는 거 안 좋아해요"라고 말한다. 어떤 레즈비언은 '무성향'*이며, 어떤 레즈비언은 '전천'**이고, 어떤 레즈비언은 '애매비언'***이다. 어떤 레즈비언은 이러한 논쟁에 관심이 없으며, 어떤 레즈비언은 논쟁에 적극적으로 목소리를 내지만, 어떤 레즈비언은 이러한 논쟁 자체도 모른다. 레즈비언은 무척 다양하다.

물론 소수자성을 가진 정체성에 대한 이야기는 사회적으로 널리 다루어지지 않은 부분들이 있기에, 그 부분에 대해 입을 열고 자신들의 이야기를 나누는 것은 무척 중요한 일이다. "레즈비언들 다 이렇잖아"라는 이야기를 나누는 것이 필요할 때도 있다. 예를 들어, "레즈비언들 다들 맨날 모자 쓰고 워커 신고 체크무늬 셔츠 입잖아"라는 발언은 레즈비언 공동체 내에서 공감대를 얻고 레즈비언 커뮤니티를 웃음으로 똘똘 뭉치게 하는 역할을 할 수도 있다. '체크무늬 셔츠'와 관련이 없

---

*   '무성향'이란 부치와 펨 등의 성향을 정하지 않은 레즈비언을 뜻한다. 요즘은 부치와 펨을 각각 '두글자', '한글자'라는 은어로도 표현하는 경향이 있어서, 무성향을 '세글자'라고도 쓴다.

**   '전천'이란 '전천후'에서 따온 말로, 부치와 펨 사이를 오가거나 부치와 펨 정체성을 함께 가진 레즈비언을 뜻한다.

***   이도 저도 아닌 애매한 레즈비언을 자조적으로 '애매비언'이라고 부르기도 한다.

기에 이 말에 공감하지 못하는 레즈비언들이 무수히 많다는 것을 잘 알고 있지만, 그럼에도 이 정도 이야기에 대해서는 "맞아, 많이들 그런 경향이 있는 편이지" 하고 고개를 끄덕일 수는 있다. 그러나 어떤 공통적 취향 정도를 넘어서서, 어떠한 정체성의 공통된 욕망에 대해서 말하는 것은, 그리고 그 욕망을 '보편적인 것'으로 취급하려는 것은 훨씬 더 조심스러워야 하는 일이 아닌가 싶다.

그런데 레즈비언 커뮤니티 내에서는 자신들의 욕망을 보편화하려는 시도가 너무 자주 나타난다. 레즈비언 커뮤니티에서 마치 '밈'처럼 자주 언급되는 것들이 있는데, 사실 나는 공감하지 못할 것들이 많다. '레즈비언은 레즈비언 티가 나는 부치, 즉 티부를 혐오한다' '레즈비언은 이성애자 여성을 좋아한다'와 같은 밈들은 "나는 그러고 싶지 않은데 자꾸만 '헤녀'만 골라서 짝사랑하게 돼ㅠㅠ 이거 레즈라면 다 공감공감??ㅎㅎ" 이런 식의 태도로, 트윗이건 창작물이건 간에 수도 없이 재현된다.

'레즈를 위한 빙고'라는 자료 사진을 보자. 이것을 만든 이는 '레즈비언은 헤테로 여성을 좋아한다'가 무슨 레즈비언의 대표적 정체성이라고 생각하는 듯하다. 하지만 사실 레즈비언 중 많은 이들이 헤테로 여성에게 관심이 없으며, 오히려 헤테로 여성이 헤테로 티를 내

Queer Bingo

Lesbian ver.

" 너도 빙고하고 인싸비언할래?! "

편견이 지켜주는 대한민국에서 살아온
헤녀들에게 고통받는 레즈에 의한, 레즈를 위한 빙고☆

헤녀와 페북 연애중 올려봤다	커밍아웃할때 어 너두? 야 나두? 맞커밍했다	연예인커플링에 과몰입 해봤다	셀소 써봤다	게이더 도는 커플을 보면 손잡기, 커플링유무 확인해봤다
여자선생님을 좋아해본적이 있다	여여 단둘이 걸어가는걸 보고 커플이라고 망상해 본 적이 있다	헤녀와의 스킨십에 설렌 적이 있다	인스타나 트위터 이쪽 해시태그 다 안다.	헤녀에게 뽀뽀를 당해봤다 (볼이든 입이든..^^)
이상형표 작성해서 업로드 해봤다	예쁜 여성분 지나가면 나도 모르게 뒤돌아 본 적이 있다	이쪽 어플을 2개이상 깔아 본 적이 있다	퀴어페스티벌 가봤다	유튜브 퀴어 컨텐츠를 보며 엄마미소 지어봤다
퀴어관련 굿즈가 한 개라도 있다	오프를 해봤다	커밍아웃을 5명 이상에게 했다	익명퀴어 단톡에 들어가본적 있다	MBTI 검사결과에 의미부여 해봤다
여자연예인의 매력에서 헤어나오지 못한다	헤녀임을 깨닫고 괜히 혼자서 선그은적있다	이쪽이라고 확신하는 연예인이 있다	퀴어 주제의 드라마 영화 등을 찾아보고 대리설렘 해봤다	헤녀가 나를 헷갈리게 한 적이 있다

Made by, Inssabian

트위터에서 돌아다니던 '레즈를 위한 빙고'. 레즈비언을 위한 빙고
게임이라기에는 지나치게 '헤녀', 즉 헤테로 여성에 관련한 문항이 너무
많으며, '인싸비언*'이라는 말이 무색하게 이 빙고는 당연히 레즈비언이라면
'벽장레즈', 즉 '오픈리 퀴어가 아닐 것'을 전제하고 있다(겨우 '커밍아웃을 5명
이상에게 했다'가 레즈비언 '인싸'의 기준이라면 너무한 것 아닌가?).

---

*   자신이 소속된 무리에서 적극적으로 참여하며 사람들과 잘 어울
리는 사람을 '인싸(인사이더)', 그렇지 못한 사람을 '아싸(아웃사
이더)'라고 부르는 문화가 있는데, '인싸비언'은 레즈비언 무리의
'인싸'인 사람을 일컫는 말로 보인다.

125

면 "마음이 차게 식는다", "마음이 자동으로 접힌다"라고 말하는 이들도 많다. 나 또한 그런 사람이다. 그런데 나 같은 취향을 가진 이들보다, '헤녀'를 좋아하는 이들이 자기 취향을 보편화하려는 시도를 더 많이 하는 경향이 있는 것 같다. '레즈를 위한 빙고'처럼 '인싸' 레즈비언이라면 모두 이 항목에 체크할 것이라는 생각을 가지고 말이다. 이들은 왜 그러는 것일까? 이들은 왜 자신의 취향을 보편화하려고 할까?*

내 생각에 '헤녀'를 좋아하고 '티부'를 싫어하는 이들은 정상성을 선망하는 이들이다. 더 퀴어한 것, 레즈비언 티가 나는 것 등에 대한 거부감과 함께, 그런 것 때문에 정상성에 진입할 수 없다는 공포감이 있는 것이다. 레즈비언이라는 것 자체가 이성애 정상성 등에서 이미 탈락된 것인데, 그들은 스스로의 이런 탈락됨을 자각하고 있기에 더더욱 정상성에서 탈락한 자신의 모습을 혐오하고 어떻게든 정상성 안으로 편입되기를 간절히 갈망하는 듯하다. 마치 이성애 정상성에서 탈락했으니 '레즈비언 정상성'이라도 차지하려는 욕망을 가진

---

* "레즈가 좋아하는 헤테로도 어차피 남자에게 잘 팔리는 여자임", "남자에게 안팔리는 헤녀는 저희도 안 꼴려요" 같은 트윗을 본 적이 있다. 정상성 선망이 노골적으로 드러나 있으며, 또한 그런 욕망을 '저희'라는 표현을 통해 레즈비언 전체의 욕망으로 보편화하려는 시도들이다.

것처럼 보인다. 그냥 '아, 나는 이런 욕망을 가지고 있구나'라고 받아들이면 되는 문제를 '레즈비언 정상성'으로 만들어 그 안에서 인정받으려 한다. 자신의 문제인 '정상성 선망'을 레즈비언 전체의 욕망으로 만들어 그 안에서나마 정상성을 획득하고자 하는 욕구다.

어떤 완벽한 정상성에 모든 것이 들어맞는 인간은 아주 드물 것이다. 우리는 다 조금씩이든 많이든 정상성에서 탈락한 존재들이다. 우리는 완전하지 못하다. 완전할 수가 없다. 그런데 자신의 그러한 탈락된 면들을 경멸하고 혐오하기 시작하면, 사는 것이 너무 괴로워진다. 심지어 그런 괴로운 삶을 '보편화'하기까지 하는 것은 너무나 유해하다. 이런 정상성 선망의 태도는 수많은 레즈비언을 레즈비언 사회 밖으로 몰아내면서, 동시에 자기 자신마저 어느 정도 불행하게 만드는 학대적 태도다.

'레즈비언 정상성' 집착의 유해성 사례들:
'백합러'들을 중심으로

'레즈비언 정상성' 집착의 유해성은 여성 간 동성연애물을 소비하는 '백합러'들에게서도 많이 나타난다. 애초에 '백합(GL)'은 여성 간 동성애를 대상화해 그것을 즐기는 장르로, '소수자 대상화'에 대한 원론적인 죄책감이 존재할 수밖에 없을지도 모르는 장르다. 그런데 일부 백합러들은 그런 죄책감을 두고 "백합은 여성의 장르이고 여성 당사자들이 창작하고 소비하는 장르이므로 괜찮다"는 식으로 퉁치고 넘어가려는 태도를 보이며, '당사자성'에 굉장한 집착을 보인다.

백합러 중에 레즈비언 당사자가 많다는 건 나 역시 잘 알고 있다. 나 또한 수많은 백합물들을 열심히 즐겁게 소비해왔고, 때때로 (이 말이 받아들여지든 아니든) 나는 나 자신을 백합러라고 말하기도 한다. 여성 동성애물인지 백합물인지 명확하게 나누기에 모호한 작품이 많다는 것 또한 잘 알고 있다. 그러나 많은 헤테로 로맨스물이 실제의 이성애와 거리가 있는 것과 마찬가지로, 많은 백합물은 여성 동성애물과는 분명히 거리가 있다. 많은 백합물은 그저 아름다운 여성 캐릭터들 사이의 낭만화된 로맨스와 섹스를 그릴 뿐이다. 그리고 그 안에서 백합러들의 눈에 '아름답지 않은' 여성들은 탈락해서 보이지 않는다. '티부' 등이 그 대표적인 예다.

웹툰, 웹소설 연재 플랫폼 '코미코'에서 연재된 백합(GL) 웹툰인 《농촌 프린세스》*의 한 장면을 보면, '초

---

*   리믹 · 최삡삡, 《농촌 프린세스》 제6화, 2020, https://www.comico. kr/comic/1281.

콘텐츠 플랫폼 '리디북스'의 웹툰 서비스 중 'GL' 카테고리 내 'GL 인기
신간' 'GL 베스트셀러' 'GL 인기 무료책' 등의 코너를 보면, '티부'가
등장하는 표지는 거의 볼 수 없다. 그나마 '티부' 같은 캐릭터가 표지에
등장한 작품에는 "독자들이 표지에 남자 껴 있는 걸까 봐 불안해한다"라는
식의 댓글이 베스트 댓글로 올라가 있다. https://ridibooks.com/
books/1434009436(2020년 8월 28일 검색).

대 레즈협회 회장'은 길고 곱슬곱슬한 은발을 하고 아
래 속눈썹이 묘사된, 우아한 노년 여성으로 그려진다.
하지만 한국에서 굳이 '초대 레즈협회 회장'의 실제 모
델을 찾는다면 다음과 같은 분들일 것이다. 1993년에
만들어진 최초의 성소수자 인권 단체인 '초동회'의 창
립 멤버이자 초동회가 게이 인권 단체인 '친구사이'와
레즈비언 인권 단체인 '끼리끼리(현 한국레즈비언상담소
의 전신)'로 나뉜 이후 1994년에 '끼리끼리'의 제1대 회
장을 맡기도 한 전해성, 1997년도부터 하이텔 동성애
자 인권 모임인 '또하나의사랑'의 대표 시삽을 역임하
며 1998년에 동성애 잡지 《버디》를 창간하는 등의 활
동을 해온 한채윤, 1970년대의 명동 레즈비언 커뮤니
티에 참여했고 1996년에 문을 연 한국 최초의 레즈비
언 바 '레스보스'의 3대 사장이자 지금도 이태원에서
'레스보스'를 운영하는 윤김명우 등이다. 이들은 한국

에서 '초대 레즈협회 회장'일 법한 50~60대의 중·노년 레즈비언이며, 모두 머리가 짧고 활동적인 '티 나는 부치'의 전형적인 외양을 하고 계신 분들이다. 하지만 백합 만화 속에서 '초대 레즈협회 회장'은 긴 은발의 '여성스러운', 판타지적 외양의 노년 여성으로 나타나며, 이는 '초대 레즈협회 회장'이 마치 '없는 존재'인 것처럼 만드는 효과를 낳는다. 하지만 우리의 레즈비언 역사 속에 그러한 존재들은 분명 있어왔다.

물론, 만화가 제한된 시각정보만을 이용하는 매체이기에, 머리 길이가 아니면 남자와 여자를 구별하기 어려워 어쩔 수 없이 그림 작가가 긴 머리의 초대 레즈협회 회장을 그린 것일지도 모른다. 하지만 대체, 왜 구별되어야 하는가? 많은 레즈비언은 남자 같은 차림새를 하고 있고, 남자와 딱히 구별되지 않는다. 여성임을 드러내기 위한 정보를 제공하기 위해 긴 머리를 묘사하는 이유는 단순히 백합물 독자의 불안감('여기에 남성이 있을 수 있다!')을 해소하기 위함이 크다.

'여성의 남성성'을 경멸하고 멸시하고 혐오하면서, '여자다운 여성' 간의 아름다운 사랑만을 추구하며 그것을 '진정한 레즈비언'이라고 생각하는 분위기가 레즈비언 커뮤니티 안에도 분명히 존재한다. 백합러인 어떤 레즈비언 당사자들은 그것을 그대로 체화해 백합물 또한 그래야 한다고 믿는 듯하다. 이러한 마인드 때문에 백합물을 포함해 레즈비언이 등장하는 콘텐츠 속에서도 여성의 남성성을 드러내는 여성, 혹은 여자답지 않은 여성, 여성성에 미달되는 여성과 같은 레즈비언을 재현하는 콘텐츠는 더더욱 극소수가 된다.

하지만 대다수 레즈비언의 모습은 백합물에 나오는 여성들과는 다르다. 많은 레즈비언은 스타일, 그리고 욕망 면에서 백합물 속 여성들과는 다른 모습을 하고 있다. 레즈비언을 재현한다는 콘텐츠에서 자신의 모습이 누락되었다고 느끼는 레즈비언 가운데 BL이나 남성 아이돌 같은 다른 콘텐츠를 대안적으로 소비하는 경우도 있는데, 그 안에서는 적어도 '티부', 젠더가 모호해 보이는 존재와 비슷한 것들이 상대적으로 더 많이 등장하기 때문이다. 이러한 레즈비언이 딱히 소수인 것도 아닌데, 백합만을 소비하는 레즈비언들은 그런 이들을 가짜, '짭레즈'로 취급하며 자신의 취향이 레즈비언 정상성을 획득하고 있다는 듯한 모습을 보이곤 한다. 그렇지만 레즈비언 중에는 어떠한 '여성의 정상성'에서 미끄러지는 여성들이 정말 많다. 애초에 레즈비언은 '애매한 존재'다. 이 레즈비언의 애매함, '비정상성'을 무시하는 듯한 모습을 볼 때마다 나는 가슴이 무너지는 듯 슬프고 화가 난다. 자신이 레즈비언 당사자라고 해서, 자신의 욕망이 당사자 정체성 모두를 대변할 수는 없다. 그것은 누구라도 불가능한 일이다.

그리고 당사자 정체성은, 모든 것을 용서받게 해주는 마법 지팡이 같은 것이 아니다. 자신을 여성애자 여성 혹은 여성애 가능자인 여성으로 정체화했다고 하면, 여성을 대상화하는 것이 마법처럼 용서받게 되는 것인가? 대상화라는 문제는 그보다 복잡하고, 단순하지 않다. 그런데 어떤 백합러들은 그것이 단순하다고 믿는다. 내가 퀴어라고 해서 모든 퀴어들의 당사자성을 모두 갖지는 못하는 것처럼, 여성애자 혹은 여성애 가능자라고 해서 모든 여성 혹은 모든 여성애자의 당사자성을 가질 수 없는 것인데도, 어떤 이들은 그렇다고 생각하는 듯하다. 완전히 당사자인 '자신의 이야기'만 하라는 것이 아니다. 오히려 나는 당사자성에 그만 집착하고, 자신의 '비당사자됨'에 대해서 생각해보고 고찰해보는 태도를 권하고 싶다.

어떤 백합러들은 여성애자 여성이라는 자신의 당사자 정체성에 지나치게 집착하면서, 그러한 당사자성을 가지지 못한 것처럼 보이는 백합러들(트랜스 여성, 트랜스 남성, 논바이너리 젠더퀴어, 특히 시스젠더 남성 등)을 배제해왔다. 심지어 어떤 이들, 아니, 꽤 많은 이들은 'BL을 좋아하는 여성'마저 백합러가 될 수 없다고 주장한다. 이렇게 정체성의 조건을 좁혀나가는 것은 당연히 유해하다. 백합은 '여성'만의 문화가 아니며, 그럴 수도 없다. 백합 문화 속 여성들을 무시하는 것이 아니라,

그 문화를 '여성'만의 문화로 만들려는 시도는 '여성'에서 탈락하는 수많은 정체성들을 무시하고 배제하는 결과를 낳는다는 것이다. 다른 다양한 정체성을 무시하고 배제하는 경향성은 곧 트랜스혐오 등으로 이어질 수 있다. 이렇게 말하면 또 어떤 이들은, 자신은 시스젠더 남성인 백합러, 즉 '백합 남덕'만을 혐오하는 것이지, 다른 정체성은 포용한다고 말한다. 솔직히, 그것이 정말 가능한 일인가? 어떻게 시스젠더 남성만 올곧게 걸러내 그들만을 혐오할 수 있는가? 그것이 어떻게 가능하다고 믿는가? 시스젠더 남성이 비시스젠더 남성과 그렇게나 잘 분리되는가? 그렇다면 여성이나 비남성의 '남성성'은 괜찮다는 말인가? 그래도 그들은 '여자'니까? 이는 결국 남녀의 젠더를 이분법화할 수 있다는 낡은 관념일 뿐이다.

오히려 비당사자성이 노골적으로 드러나는 장르인 BL은 자신의 비당사자성, 그리고 당사자와 비당사자의 경계 등에 대해 깊이 연구해온 역사가 있다.[*] BL의 비당사성과 관련해, 1992년에 게이 남성인 사토 마사키佐藤雅樹는 잡지 《쇼와지르CHOISIR》에 〈야오이 같은

---

[*] 이와 관련해 다음을 살펴보길 권한다. 미조구치 아키코, 《BL진화론》, 김효진 옮김, 이미지프레임, 2018; 김효진, 〈당사자됨을 구성하기〉, 《퀴어돌로지》, 스큅 외 지음, 오월의봄, 2021.

건 죽어버리면 좋겠다〉라는 에세이를 게재해 당시 일본에서 BL의 비당사자성에 관련된 논쟁인 일명 '야오이 논쟁'을 촉발한 바 있다. 그 에세이에는 다음과 같은 내용이 들어가 있다.

> 우리들 게이의 섹스를 그려서 남자들이 섹스하는 만화를 읽으며 즐거워하고 있다고 하지 않는가. …… 야오이에서 추한 게이는 게이로 인식되지 않을 것이다. 아마도 그저 쓰레기일 것이다. …… 그러므로 자신들의 상상력을 북돋아주는 멋진 게이와 그렇지 않은 쓰레기로만 분류될 것이다. …… 게이의 섹스는 남자들에게는 혐오의 대상이고 여자들은 호기심 어린 시선으로만 본다. 우리들의 섹스를 훔쳐보고 기뻐하는 여자, 거울을 보라고. 훔쳐보는 자신들의 표정을!*

나는 레즈비언으로서, 게이인 사토가 했던 말과 비슷한 말을 '백합러'들에게 할 수도 있을 것이다. "백합에서 '여자답지 않은' 레즈비언은 레즈비언으로 인식되지 않을 것이다. 자신들의 상상력을 북돋아주는 멋진

---

* 미조구치 아키코, 《BL진화론》, 김효진 옮김, 이미지프레임, 2018, 100~104쪽.

'혜녀' 같은 여자들과 그렇지 않은 쓰레기로만 분류될 것이다."

정상성에 그만 집착하고, 경계를 부수자

사실 '여성스러운 여성'만을 주로 소비하려는 백합러나, '혜녀'를 찾는 레즈비언이나, 정상성에 집착하는 그들의 사고방식이 완전히 이해되지 않는 것은 아니다. 어떠한 정상성에 편입되기 위해 안달복달하는 모습들은 때때로 애처롭기도 하고 불쌍하기도 하고 우습기도 하다. 그러나 그러한 복합적인 감정 이전에 나는 짜증이 먼저 난다. 어떤 경계의 안으로 들어가기 위해 애쓰는 사람들, 그 불투명해 보이는 경계가 무엇인지 누구보다도 뚜렷하게 인지하고 있는 사람들, 그래서 결국 그 경계를 강화하는 사람들을 볼 때, 나는 짜증이 난다.

나는 경계를 무시하거나 못 보는 사람들, 혹은 경계를 부수는 사람들을 훨씬 더 좋아한다. 그리고 그런 이들이 더 크게 말을 하기를 바란다. 그래야 더 재밌고, 덜 짜증이 날 것 같다. 보편성이나 정상성을 얻으려는 자들보다, 지금까지 덜 말해져온 이들, 레즈비언도 아니었으면 좋겠는 이상한 취향의 이상한 이들에게 더 말할 기회를 주자. 그러면 정상성에 집착하는 어떤 레즈비언들은 무척이나 화가 날지도 모르겠다. "어째서 저런 진짜 레즈비언도 아닌 것들이 레즈비언이랍시고 입을 열지?" 하지만 그러한 분노는 그 '진짜 레즈비언도 아닌 것들'이라고 퉁쳐져왔던 이들이 매번 느껴왔던 분노일 것이다. 이제 이 분노를 그들이 느낄 차례다.

레즈비언과 '소년애'

'소년애'와 여성의 역사

현대의 '동성애' 개념으로 과거의 모든 것을 재단하기는 어렵다. '동성애'라는 개념은 현대에 들어 발명된 것이기에, 그러한 개념이 없던 시절의 퀴어한 모든 것을 동성애적인 것이라고 말하기에는 어딘가 들어맞지 않는 구석이 많다. 예를 들어, 고대 그리스에서는 진정한 사랑은 성인 남자와 어린 소년 사이에서 싹튼다고 보아서 그러한 '소년애'와 같은 관계가 주류 문화로 유행했는데, 이것은 '성애'라기보다는 여성을 배제하는 남성동성 문화homo-culture에 가깝다고 볼 수도 있기에 현대의 동성애 개념만으로 이를 해석할 수는 없다. 고대 그리스 사회는 "여성은 결함을 타고났다"라고 주장한 아리스토텔레스부터 완벽한 몸의 기준을 남성에게서

찾으려 한 히포크라테스에 이르기까지, 대표적인 지식인들의 사고관이 뼛속까지 여성혐오적이었던 지독히 여성 배제적 사회였다. 고대 그리스인들은 남성과 여성과의 관계는 단지 생식, 즉 아이를 낳기 위한 관계일 뿐이며, 진정한 사랑은 (물론 노예가 아닌, '자유인' 신분의) 상당한 나이 차가 나는 남자들 사이에서만 가능하다고 보았다. 지혜로운 성인 남성이 아름다운 육체를 가진 어린 소년를 사랑하는 '소년에 대한 사랑'을 남성동성문화의 정수라고 여긴 것이다.

남성동성 문화적 소년애 관계는 고대 그리스뿐만 아니라 다양한 문화권에서 나타난다. 파라오 시대의 이집트나 로마 시대, 중세 일본이나 중국, 한반도의 다양한 문헌에서 성인 남성과 소년의 소년애적 관계로 읽히는 내용들이 등장한다. 이러한 소년애적 관계가 물론 모두 고대 그리스처럼 '지혜로운 연륜'과 '젊은 육체'를 교환하는 느낌은 아니었던 것 같지만, 아무튼 그것은 모두 여성 배제적인 철저한 남성들만의 문화였다.

그런데 이 철저한 여성 배제적 문화였던 '소년애'를 남성들에게서 탈취하려고 한 여성들이 있었다. 그들은 여러 문화권에서 나타났는데, 먼저 소개하고 싶은 이들은 1920년대 미국 문화 속의 플래퍼flapper들이다. 1920년대는 세계 경제에서 미국의 영향력이 매우 커졌던 시기로, 당시 미국인들의 생활방식을 바탕으로 소비주의와 쾌락주의가 만연한 가운데 재즈, 라디오와 같은 대중문화가 태동하면서, 독특한 외모와 성향을 지닌 '신여성', 즉 플래퍼가 등장했다. 플래퍼들은 남자처럼 머리를 짧게 잘랐고, 가슴을 싸매 더 평평하게 만들었으며, 음주나 흡연 같은 남성들의 특권을 장악하려 했다. 그녀들의 모범, 롤모델은 동성애적, 더 정확히 말하자면 소년애적 이상을 간직한 '소년'이었다.

'소년애'를 자신들의 것으로 빼앗으려 한 여자들은 1920년대의 플래퍼들만이 아니었다. 1970년대의 일본 여성향 상업 만화가 중 소위 '꽃의 24년조'라고 불리는 1949년생(쇼와 24년생) 여성향 상업 만화가들은 '소년애'를 자신들의 만화 속에서 적극적으로 다루었다. 이 도전의 기반에는 초기부터 젠더에 대한 유동적이고 실험적인 요소가 있던 일본 소녀 만화의 역사와 1970년대 일본에서 유행한 서구의 탐미적 동성애 코드 영화가 있었다. 이들의 만화는 소년들 간의 동성애, 혹은 호모에로틱한 관계 등을 탐미적으로 그린다. 하기오 모토萩尾望都의 《토마의 심장》(1974), 타케미야 케이코竹宮惠子의 《바람과 나무의 시》(1976) 등 1970년대에 등장한 소년애 만화는 큰 인기를 끌었다. 이러한 만화들의 인기를 타고 1978년에는 남성 동성애를 주제로 한 만화·소설 잡지인 《쥬네JUNE》가 창간되었으며, 한때 이러한 소년애 만화를 '쥬네물', '쥬네 만화' 등으로 통칭했다.

그러나 《쥬네》를 넘어 여러 다른 잡지에서도 이러한 장르를 칭할 필요성이 커지면서, '소년애'를 직역한 단어인 'Boys Love'를 다시 일본어화한 'BL'이라는 이름이 탄생했다.* 1970년대의 쥬네 만화, 소년애 만화는 현대적 BL 만화의 시초, 조상이라고 할 수 있다. 그렇지만 현대의 BL은 그 당시의 소년애 만화들보다 다양한 연령대의 섹슈얼리티를 다루며, '소년'을 넘어선 '청년' 남성이 주가 되고, '소년성'보다는 '남성성'에 대한 묘사가 훨씬 더 강하기에, 1970년대의 소년애 만화는 현대의 BL 만화와는 다른 특유의 독자성이 있다고 볼 수 있다. 1970년대의 소년애 만화들을 보면 그 만화 속 등장인물은 거의 젠더가 분간되지 않을 정도로 아주 섬세한 성정과 아름답고 중성적인 외모를 가진 소년들이며, 이들은 비극적이고 파멸적인 서사 속에서 극도로 드라마틱하게 탐미적으로 존재한다.

1920년대의 플래퍼들은 왜 '소년'이 되고 싶어 했을까? 1970년대의 일본 여성향 상업 만화가들은 왜 '소년'을 다루었을까? 이들은 모두 '여성'으로서, 이들이 '소년'이 되는 것은 불가능할 것이고 따라서 '소년'의 이

---

* 영어 문화권에서는 일본의 'BL'을 아직도 'Shonen-ai('소년애'의 일본어 명칭)'로 부르기도 한다. 해당 키워드로 검색을 해보면 BL 만화 이미지들이 나온다.

야기는 자신들의 이야기도 아니다. 그런데 왜 어떤 여자들은 소년을 자신의 주제로 다루고 싶어 하고, 소년이 되고 싶어 하며, 소년을 사랑하는 것일까?

소년을 사랑하는 여자들, 그리고 레즈비언

이 시점에서 나는 진은영 시인의 〈네가 소년이었을 때〉라는 시를 소개하고 싶다.

잡혀간 소녀와 작은 창문과 마술팽이를 좋아했다
여러 색의 가짜 이름, 사과식초와
조금 슬픈 노래에도 부서지는 뗏목들을 좋아했다
눈감고 나무 계단을 뛰어내려가는 것
삐걱이는 소리는 얼마나 아름다운지

대마왕과 석유전쟁을, 변명을 싫어했다
얼음별이 노란 양털담요 위에 떨고 있었다
낡은 동전들이 물방울 소리를 내며
고장난 분수대로 쏟아졌다

네가 소년이었을 때
네가 따준 자두가 먹고 싶었을 때

검은 물방울무늬 원피스 아래 돌처럼 무거운 가슴
이 없었을 때

소녀가 소녀를 사랑했을 때
소년이 소년을 사랑했을 때
엄지와 검지 사이

이상한 불꽃을 쥐고 있었을 때
누런 시험지의 커다란 괄호들을 다 태워버렸을 때
붉은 집의 페인트공이 되고 싶었을 때
전쟁과 지나가는 여름의 차가운 피부에
불붙은 속옷을 껴입었을 때*

앞서 나는 여성이 '소년'이 되는 것은 불가능할 것
이라고 했지만, 정말 그럴까? 사실 많은 여성에게 '소
년'은 그들이 되지 못했던, 그러나 될 수 있었던, 혹은
한때 정말 가능했던 것일 수 있다. 이 시에서 나오듯이
어떤, 아니, 많은 여성에게는 '소년이었을 때'가 있었다.
"검은 물방울무늬 원피스 아래 돌처럼 무거운 가슴이
없었을 때"와 같은 말을 하면 어떤 이들은 '여성화되지

*   진은영, 〈네가 소년이었을 때〉, 《우리는 매일매일》, 문학과지성
     사, 2008.

않은' 육체를 남성(소년)의 육체로 보는 것이 여성혐오
적인 시각이라고 비난할 수도 있겠다. 인간의 '디폴트',
기본형을 남성으로 놓고 생각한다는 비난이다. 나는 여
기에다 대고 "소년은 사실 젠더중립적 단어이며 이는
어린이와 청소년을 아울러 일컫는 말로, 유아와 청년
사이인 만 7세부터 19세까지의 연령대의 남녀 모두를
지칭하는 말입니다"라는 식으로 갑작스럽게 둘러대고
싶지는 않다. 적어도 이 글의 앞부분에서 소년이라는
단어는 그렇게 쓰이지 않았기 때문이다.

어쩌면 여성들이 '소년'을 갈망하는 데는, 고대 그
리스의 남자들이 지독한 여성 배제로 인해 소년애에 탐
닉했던 것과 마찬가지의 여성혐오적 가능성이 있을 수
도 있다(아직도 소년애 만화의 후손인 BL 만화에는 '여성 배
제적이기에 곧 여성혐오적 장르'라는 비난이 따라붙는다).
그러나 솔직히 여자들이, 남자들의 '지독한 여성 배제'
를 완벽히 따라 할 수나 있는가? 그러한 시도조차도 필
연적으로 실패한다. 여자들에게는 '소년이었을 때'가
마치 있었던 것도 같지만, '진짜' 남자들처럼 그 시절이
아주 생생한 날것으로 실재하지는 않는다. 그 필연적으
로 미끄러지는 비현실성은 시에서 묘사되듯, 마치 어렸
을 때 읽은 판타지 동화 속 주인공들의 경험담처럼 어
딘지 서글픔을 담고 있다. 그런 적이 있었던 것도 같지
만 없었던 적 같기도 한, 어딘가 서글픈 이야기. 소녀가

'소년이었을 때'는 마치 아득한 꿈처럼 느껴진다. 내가 꾸었던 꿈 같기도 하고 어디에선가 읽었던 이야기 같기도 하고, 어쩌면 정말로 있었던 일 같기도 한 '소년이었을 때'.

남성의 '소년애' 집착은 자신들만의 동성 사회를 공고히 하려는 어떠한 결탁, 혹은 지나간 젊은 시절에 대한 그리움으로 인한 나르시시즘적 공모에 가깝지만, 여성의 '소년애' 애착은 그러한 동기로 채워져 있지 않다. 여성들이 동경하고 되고 싶어 하는 '소년'의 이미지는 실제 소년의 세계와 거의 관련이 없다. 그것들은 현실보다 훨씬 더 아름답고 흥미진진한 가상의 종이 세계에 가깝고, '소년'은 그저 종이인형일 뿐이다. 따지자면 이것은 소년이 아닌 소녀의 세계다.

때때로 '소년'을 사랑하는 여성은 지나치게 소녀의 세계에 갇혀 있는 것처럼 여겨지곤 한다. 병리적인 것, 혹은 비사회적, 반사회적인 것으로 판단되어 억압될 때도 있다. 이성애중심 사회, 남성중심 사회에서는 '성인 여성'이라면 마땅히 자신보다 연상인 남성, 아니면 최소한 또래 남성을 좋아하고 그들을 보살펴주어야 한다. 그래야 이 사회가 제대로 굴러가는 것인데, 그렇지 않은 여성들이 있다는 것은 불안한 일이다. 그렇기에 사회에서는 '소년'을 사랑하는 여성들을 '애'처럼 취급하고 아직 어른이 되지 못한 이들로 여기며 그들을 압박한다. 나는 그러한 압박에서 어떠한 사회적 불안감 같은 것을 느낀다.

10대 후반에서 많아봤자 20대 초반 소년으로 패싱 되는 외모의 이들, 예를 들어 미소년과 같은 만화 캐릭 터, 케이팝 남성 아이돌, 부치인 여성처럼 어떠한 드문 '소년성'을 재현하는 얼굴들을 성인 여성이 사랑할 때, 그러한 사랑을 실천하는 여성은 미디어에서 항상 소녀 거나 소녀였던 자아가 큰 사람으로 그려진다. 예쁘장한 미소년 얼굴을 한 케이팝 남성 아이돌의 팬덤이 미디 어 속에서 지겹게도 '교복 입은 소녀들'로만 그려지는 것을 떠올려보자. 하지만 케이팝 남성 아이돌의 팬덤이 꼭 그런 이들로만 이루어져 있는 것은 아니다(심지어 그 들은 열광적으로 '오빠'를 외치는 시스젠더 헤테로로만 묘사 된다).

'소년'을 사랑하는 여성들은 사실 역사적으로든 수 적으로든 생각보다 꽤 많음에도, 미디어와 같은 사회적 시선에서는 그것을 잘 다루지 않는다. 2009~2010년 경, 내가 케이팝 보이그룹인 샤이니에 열광하던 시절, 그리고 샤이니가 정말로 '소년'에 더 가까웠던 시절, 샤 이니는 인기 많은 남성 아이돌이었지만 미디어는 샤이 니에 열광하는 '누나'들에게 주목하지 않았다. 미디어 는 주로 더 남성적인 아이돌, 정확히는 '짐승돌'에 열광 하는, 더 시스젠더 헤테로 여성 정상성에 들어맞는 여성들에게 초점을 맞췄다. 여성이 소년을 사랑하는 것은 시스젠더 헤테로 여성 정상성에서 어긋나기에 세상은 이를 위험하게 여긴다. 어쩌면 여성과 소년 사이의 세대 간 격차 때문에 그것은 정말로 위험할 수도 있다. 하지만 그렇다고 해도 소녀 혹은 '어린 여자'를 좋아하는 남자들이 미디어에 그렇게 많이 나오는 것에 비하면 이것은 이중잣대로 느껴지기도 한다.

소년을 사랑하고 동경하고 때때로 그들처럼 되고 싶어 하는 여성들이 시스젠더 헤테로 여성일 때도 있다. 그렇지만 그녀들은 적어도 그러한 정체성에 주어지는 정상성에서는 벗어나버린다. 상상 속의 소년성을 동경하고 그와 같이 되고 싶어 하는 여성들, 그러한 욕망의 역사를 가진 1920년대 플래퍼 걸, 1970년대 일본의 쥬네 만화가 중에도 퀴어가 많지 않았을까 상상한다. 아니, 당연히 많았을 것이다. 레즈비언, 젠더퀴어, 아니면 이러한 이름으로 담아내지 못할 퀴어함들이 그들에게 가득했으리라 나는 상상한다.

어떤 이들은 '여성의 여성성'만을 찬양하고 찬미하며 동경하고 그런 것을 성애하는 것이 여성 동성애라고 믿고 있는 것 같지만, 실제 레즈비언 욕망의 폭은 그보다 넓다. 많은 레즈비언은 나에게 소년애적 욕망, 혹은 '쇼타콤'적 욕망을 고백하곤 했다. 어쩌면 어떤 이들이 소년처럼 패싱되는 여자, 예를 들면 부치 여성과 같은 이들을 좋아하는 것은 이러한 '소년애'의 일환일 수 있다. 여학교에서는 미소년 같은 외모의 잘생긴 여자아이들이 인기를 끌게 마련인데, 그 아이들은 스스로 원하든 원하지 않든 때때로 '왕자님'처럼 주로 소년에게 주어지는 호칭으로 불리곤 한다(사실 이건 내 학창 시절 경험담이다. 내가 다니던 고등학교에는 정말로 '왕자님'이라고 불리던 무척 잘생긴 여자아이가 있었다.) 그들에 대한 열광은 레즈비어니즘이었을까? 아니면 소년애였을까? 이것은 때때로 분간하기가 어렵다. 어쩌면 레즈비어니즘으로 인해 소년애적 감정이 솟아난 것일 수도 있고, 소년애적 감정 때문에 레즈비어니즘을 하게 된 것일 수 있다. 우리의 욕망이 대부분 그러하듯이, 그 근원을 깨끗하게 찾아내 분별하기는 참 어려운 것이다.

다시, 진은영의 시 〈네가 소년이었을 때〉로 돌아가보자. "소녀가 소녀를 사랑했을 때"라는 구절과 "소년이 소년을 사랑했을 때"라는 구절은 서로 이어져 연결된다. 어쩌면 그때는 '소녀가 소년을 사랑했을 때'일 수도 있을 테고, '소년이 소녀를 사랑했을 때'일 수도 있을 것이다. 우리의 젠더는 물 흐르듯이 변화할 수도 있다. 그러다가 '실패'하기도 하지만, 아무튼 그런 가능성도 있다는 것이다. 섹슈얼리티, 젠더 정체성과 경험, 성적 지향과 경험, 그리고 그것에 대한 우리의 생각은 모두 유동적으로 변화할 수 있다. 배우 틸다 스윈튼Tilda Swinton은

한 인터뷰에서 이런 말을 한 적도 있다. "내가 정말 여자라고 말할 수 있긴 한 건지 잘 모르겠어요. 전 오랫동안 약간은 남자였거든요. 저도 모르겠어요. 누가 알죠? 그건 변하는데요."*

안타깝게도, 젠더유동성에 대한 이해는 아직 보편적이지는 않다. 어쩌면 어떤 사람들은 이것을 그냥 '미친 소리'로 취급할지도 모르고, 어쩌면 어떤 사람들은 '자신의 여성성을 부정하는 여성혐오적 소리'로 읽을지도 모른다. 어떤 사람들은 정말로, 자신들이 '가지고 태어난' 젠더가 자신의 젠더, 성별이어야 하며 영원히 그럴 것이라 굳게 믿는다. '약간은 남자'였다고? 네가 '소년이었을 때'? 그런 것은 그저 자기부정일 뿐이거나 정신착란과 비슷한 것이라고 그들은 말할지도 모른다. 그런 적은 없었다고. 그건 '꿈 꾸는 소리'일 뿐이라고. 이런 부정들이 정말로 맞는 말일지도 모른다.

그런 말들 속에서 내가 어떠한 아름다움에 대해 입을 여는 것은 어쩌면 부질없거나 혹은 거의 유해한 짓일지도 모른다. 하지만 나는 그럼에도 불구하고 그 아름다움에 대해 말을 얹고 싶다. 우리를 옭아매는 규범성이 아닌 어떠한 미학의 차원에서 이 이야기를 끝내

---

* 셀리 하인즈, 《젠더 정체성은 변화하는가?》, 조현준 옮김, 자유의 길, 2019, 100쪽.

고 싶다. 여자들이 사랑한 소년들이 얼마나 아름다웠는지, 또 그 여자들의 동경과 사랑이 얼마나 '진짜'였고 진실된 아름다움이었는지, 그리고 소년인지 소녀인지 잘 구분도 되지 않던 그 소년들의 모호함이 얼마나 아름다웠는지에 대해 더 말하고 싶다.

   잡혀간 소녀와 작은 창문과 마술팽이를 좋아했다
   여러 색의 가짜 이름, 사과식초와
   조금 슬픈 노래에도 부서지는 뗏목들을 좋아했다
   눈감고 나무 계단을 뛰어내려가는 것
   삐걱이는 소리는 얼마나 아름다운지[**]

   나의 말은 필연적으로 '삐걱이는 소리'가 될 것이다.

~~~~~~

[**]   진은영, 같은 시.

펨이란 무엇인가

기묘하게 비가시화된 '펨'의 존재

부치와 펨은 레즈비언에게 중요한 범주다. 그중 '펨femme'이라는 용어는 흔히 '여성적인 특징을 지닌 레즈비언'을 뜻한다고 하는데, 이러한 설명은 지나치게 단순하고 모호하다. 대체 이 정의 속의 '여성적'이라는 건 무슨 의미인지, '펨의 여성성'이 무엇인지 등에 대해서는 그동안 별로 말해진 바가 없다. 부치에 대해서는 찾을 수 있는 문헌들이 그나마 조금 있는 편이지만, 펨에 대한 문헌 자료는 정말 찾기 어려웠다. 적어도 내가 한국어로 찾을 수 있는 자료들은 대부분 학자들이나 활동가들이 부치를 설명하면서 '사이드메뉴' 정도의 느낌으로 펨을 조금 설명한 것에 머무르고 있었다. 이러한 현상은 레즈비언 포르노나 레즈비언 에로티카(성애

150

물), 그 외의 레즈비언 재현물 등에서 '여성적인 모습을 한 레즈비언'이 아주 많이 등장하는 걸 생각하면 참 우스운 일이다(이를 창작자의 비당사자성 때문이라고 짚을 수도 있겠지만, 레즈비언 당사자가 만든 포르노나 에로티카, 그 외의 레즈비언 재현물 등에서도 그런 외모의 레즈비언이 훨씬 더 많이 나오는 경향이 있다). '여성적인 모습을 한 레즈비언'은 그동안 막연한 성애화나 낭만화의 대상일 뿐이었지, 그들이 어떤 존재인지, 혹은 어떤 존재가 될 수 있는지에 대해서는 언급되지 않았던 것이다.

레즈비언 재현물에서 '여성적인 레즈비언'이 과대 표되어 등장하는 것과 비슷한 맥락으로, 레즈비언 커뮤니티에서는 '일스',* 즉 '일반인'과 구별되지 않는, 레즈비언으로 티 나지 않는, 여성 정상성을 체화한 존재를 무척이나 원하는 경향이 있다. 그런데 또 사실 그와 유사하게 읽을 수도 있을 레즈비언 펨에 대해서는 좀 기묘한 혐오감을 보이기도 한다. 펨에 대한 흔한 편견들

---

*   '일반 스타일'의 약자로, 헤테로중심 사회에서 모나지 않고 튀지 않는 외모를 일컫는다. 이성애자가 일반—般적이라면 동성애자는 이성애자와 다르다는 의미에서 첫 글자의 한자를 '다를 이異'로 바꾸어 동성애자를 '이반異般'으로 부르기도 한다. 2020년대에 '이반'이라는 용어는 거의 쓰이지 않으나, 이성애자를 '일반'이라고 부르는 문화는 남아 있다. 한국성적소수자문화인권센터, "이반", 〈한국성적소수자사전〉, http://kscrc.org/xe/board_yXmx36/4767 참조.

Q4. 팸에 대해서 혹은 팸들에게 하고 싶은 한마디!!

힘끼/ 부치
까칠하게 하지 좀 마요. 그러니까 제가 맨날 비투비 연애만 하죠.

누부/ 부치
저는 팸들이 강하다고 생각합니다. 팸은 위대하다고 생각합니다. 게다가 운동하고 활동하는 팸은 정말 멋지고 아름답다고 생각합니다.

연이/ 팸
미운 부치 골려 주는 법 공유 좀 해줄래요? 그리고 마초 부치 피해가는 법도 좀.

사용이는고양이/ 부치/ 28
먼저 폼 들이대!!

연이/ 전천
팸이던 부치던 둘 다 여자인데 굳이 나눠야 하는지 또 팸은 부치에게 억지로 남자와 연애하듯이 짐을 들리거나 (부치녀 여자임) 레이디 퍼스트 같은 예의를 강요하지 말 것 더욱이 내가 살림 할 테니 돈 벌어 오라는 건 좀 아닌 듯

꼬찌/ 전천/ 23
제발 부치도 여잔데 그렇게 공주님 같이 제 지금 애인이 예전 애인들에게 휘둘린 거 생각만 하면 차있다고 기시로 생각하질 않나. 부치도 여자입니다. 자신과 똑같이 여자로 대해 주세요.

Karma/ 부치/ 31
저기……외람되지만 한 말씀 올리겠습니다. 꼭 팸투팸 하셔야만 하나요? 아니 팸투팸도 좋은데 나중에 결혼만 하지 마세요.

토끼/ 전천
조금만 더 위로 올라가 주세요.

더네임팸/ 부치/ 26
부치도 여자이고 팸도 여자이다

***좀 더 솔직하고 진솔하고 번뜩이는 이야기들이 담긴 앙케이트 전문은 레인보우링 블로그 raingowring.co.cc 에서 보실 수 있습니다 :)

2010년에 발행된 레즈비언 라이프 매거진 《레인보우링》의 '팸'을 주제로 한 기획 기사 중 일부(팸을 중심으로 쓴 글이 너무 적어서, 이러한 자료는 무척 귀하게 느껴진다). 《레인보우링》에서는 오프라인 레즈비언 바와 온라인 등을 통해 팸에 대한 설문조사를 진행했는데, 이 중에는 팸에 대한 편견을 드러내는 말들이 많았다. "까칠하게 하지 좀 마요. 그러니까 제가 맨날 비투비* 연애만 하죠." "제발 부치도 여잔데 그렇게 공주님 같이 제 지금 애인이 예전 애인들에게 휘둘린 거 생각만 하면. …… 부치도 여자입니다. 자신과 똑같이 여자로 대해 주세요." "꼭 팸투팸하셔야만 하나요? 아니 팸투팸도 좋은데 나중에 (이성애) 결혼만 하지 마세요." 레인보우링, 〈팸에 관하여〉, 《레인보우링: L-NOLLAN?! #1 FEMME》, 2010.

---

* '부치 투 부치butch to butch'의 약자로, 부치 간의 로맨틱한 관계 혹은 섹슈얼적 관계를 말한다.

은 이런 것이다. '공주병 걸렸다' '부치를 남자인 줄 안다' '나중에 이성애 결혼한다' 등등. 펨은 레즈비언이 아니라 이성애자거나 양성애자일 가능성이 높고 아마도 어떤 요인(주로 '남성혐오'가 그 요인으로 지목된다)에 의해 잠시 이성애를 억제당했을 뿐이라고 보는 시선 때문이다. 펨은 레즈비언이 아니기에 부치를 남자인 줄 알고 사귀는 것뿐이고, 나중에 이성애 결혼을 하는 식으로 레즈비언 커뮤니티에서 벗어날 것이라는 이야기다. 하지만 당연히 이러한 편견에서 벗어나는 펨도 많은데, 그들에 대해서는 잘 말해지지 않는다.

어쩌면 레즈비언 커뮤니티도 '여성성'을 하대하는 사회적 분위기를 체화했기 때문에, 이러한 사회적 여성성을 보이는 펨을 '레즈비언이 아니거나 아무튼 레즈비언 세계 밖으로 언젠가 벗어날 존재' 정도로 여기며 나쁘게 말하는 걸 수도 있겠다. 혹은 좀더 명확해 보이는 부치라는 존재에 비해 펨의 존재는 불명확하고 이해하기 어려운 느낌이라고 여겨지는 것일지도 모르겠다(앞에 나온 《레인보우링》 기사에서 "펨이 뭐라고 생각하시나요?"라는 질문에 여러 레즈비언이 "어렵네요" "기준조차 애매모호하다" "아 진짜 어렵네"와 같은 답을 하기도 했다). 이러한 '이해가 어려운' 부분에 대해 펨 당사자가 입을 많이 열면 좋을 텐데, 펨 정체성을 가진 이가 스스로에 대해 말하는 자료를 찾기는 왜 이렇게 어려운 것일까?

아마도 펨 정체성을 자랑스러워하는 사람이 매우 드물기 때문인 것은 아닐까 싶기도 하다. 물론 부치라는 정체성 역시 그것을 딱히 엄청 자랑스러워하는 이들이 많은 건 아니지만, 앞서 말했듯 '여성성'을 하대하는 사회적 분위기가 있고 특히 한국 사회에서는 '여성성'이 강조된 여성을 '공주병'이라고 비난하는 문화가 무척 강하기 때문에, 레즈비언 커뮤니티에서 자신을 펨이라고 당당하게 말하기는 때때로 어려울 수 있다. 그래서 어떤 펨들은 '나도 펨이라고 해도 되나?' 고민하다가 그냥 입을 다물고 마는 방법을 택하기도 한다. 한편, 펨을 '부치가 되지 못한, 부치에서 탈락된 존재' 정도로 여기는 이들도 있다. 그들은 '네가 부치가 아니라면 너는 펨인 거야'라는 식의 이분법적 사고를 하는 사람들이다. 하지만 펨은 부치가 되지 못한, 부치에서 탈락한 존재가 아니다. 펨은 어떠한 애티튜드, 태도라 볼 수 있는데, 케이팝 여성 아이돌 가인을 통해 이를 살펴보려고 한다.

'펨' 애티튜드

정말 많은 퀴어가 가인을 사랑한다. 게이든 레즈비언이든 수많은 퀴어가 그녀를 때로는 비련의 디바로, 때로는 펨으로 읽기도 하며 좋아해왔다. 이렇게 다양한 퀴어함으로 가인을 바라볼 수 있는 것은 그녀가 다른 여성 가수들에 비해 특별하게 콘셉츄얼한 모습을 보이기 때문이다. 대체로 그녀는 특유의 치명적인 표현력과 외모를 바탕으로 가련하지만 때로는 위험하기도 하면서 동시에 연약하고 예민하기도 한, 무척이나 복합적인 매력을 가진 '나쁜 여자'(〈돌이킬 수 없는〉, 〈진실 혹은 대담〉, 〈Paradise Lost〉 등의 솔로 활동곡들은 모두 이 틀 안에 있다고 볼 수 있다)의 이미지를 구현하는 편이었지만, 〈피어나〉는 드물게도 그녀가 '나쁘게' 나오지 않는 솔로 타이틀곡이다.

〈피어나〉의 뮤직비디오는 오히려 가인의 모습을 굉장히 순수하게 그려낸다. 이 뮤직비디오는 여성의 '첫 섹스'를 주제로 주인공 가인의 섹슈얼리티를 중심적으로 다루는데, 가인은 뮤직비디오 속에서 자위를 하기도 하고 애무를 당하기도 하고 남성과 섹스를 하기도 하는 등 다양한 섹슈얼리티 실천을 한다.* 그러한 섹슈

---

* 이 자위 장면은 이 뮤직비디오가 발표된 2012년에도 그랬지만, 2020년대인 지금 보아도 굉장히 파격적이다. '여성의 자위' 자체가 금기시되는 대한민국에서, 그것도 성적으로 순수할 것을 상당히 강요당하는 여성 아이돌이 그러한 섹슈얼리티를 드러냈다는 것은 대단한 도전이다. 이러한 섹슈얼리티적 도전이 아름답게 느껴지는 데는 이 뮤직비디오의 감독인 황수아라는 여성의 힘이 크게 작용했으리라고 본다.

얼리티 실천은 흥미롭게도 뮤직비디오 내에서 '순수함'과 이어진다. 여자가 자위나 섹스를 했다고 타락하거나 괴로워하거나 후회하는 모습은 전혀 나오지 않는다. 첫 섹스를 한 가인의 모습은 거의 후련하고 상쾌해 보이기까지 하며, 뮤직비디오에서 내내 가인은 상큼하고 아름답다. 성경에서 이브 혹은 하와의 죄를 증명하는 것으로 등장해 기독교적 세계관 속에서 여성의 부도덕함을 상징하는 사물이었던 '사과'는 〈피어나〉 뮤직비디오에서 여성(가인)이 섹스 후 느끼는 복잡미묘한 기쁨, 즐거움, 환희를 상징하는 사물이 된다.

　　여성의 섹스와 순수한 아름다움 등을 잇는 작업은 페미니스트이자 만화평론가인 후지모토 유카리藤本由香里가 그녀의 저서 《쾌락전류快楽電流》에서 레이디스 포르노(여성들이 즐기는 여성향 포르노) 황금률의 정점이 여주인공이 아무리 쾌락을 추구해도 그녀의 성적인 가치는 증가할망정 줄어들지 않는다라는 점이라고 했던 설명을 떠올리게 한다. 남성향 포르노 판타지가 여성을 끌어내려서 굴욕을 주는 것에 주안점을 주는 것과 달리, 여성향 포르노 판타지는 '아무리 섹스해도 아름다운 나' '섹스하면 할수록 아름다워지는 나'에 주안점을 둔다는 것이다. 나는 〈피어나〉 뮤직비디오가 여성 섹슈얼리티를 여성적 판타지로 아름답게 그려낸, 페미니즘적으로도 가치가 있는 여성향 에로티카(성애물)라고 생각한다. 그렇기에 이 뮤직비디오에서는 여성-남성 간 섹스 장면 등이 등장함에도 불구하고, 이것을 레즈비언 '펨'의 시각으로도 충분히 읽을 수 있다고 보았다. 여성의 섹슈얼리티를 한없이 '여성적' 판타지로 그려낸 이 작품이 어떻게 펨적으로 읽히지 않을 수가 있겠는가. 더군다나 이 뮤직비디오 곳곳에는 펨적으로 해석할 수 있는 흥미로운 여지가 잔뜩 남겨져 있다.

　　나의 이러한 작업이 '펨은 레즈비언이 아니다'라는 편견을 강화하는 작업으로 읽히지 않기를 바란다. 오히려 나는 부치-펨 모델이 레즈비언을 넘어 더 넓은 섹슈얼리티에 적용 가능한 역할 모델로 기능하는 것을 꿈꾼다(세상에는 헤테로섹슈얼이거나 아무튼 레즈비언은 아닌 정체성이면서도 부치나 펨인 사람들이 분명히 존재하기 때문이다). '부치'나 '펨' 등의 명칭이 레즈비언 문화에서 비롯되었고 지금도 레즈비언 문화와 깊게 연관되어 있긴 하지만 말이다. 그렇지만 케이트 본스타인이 《젠더 무법자》에서 이야기했듯이, 우리의 젠더이분법적인 문화에서는 섹스를 하는 데 젠더를 따져 '남자와 여자의 섹스', '여자와 여자의 섹스', '남자와 남자의 섹스'와 같은 식으로 이성애나 동성애로만 섹스를 분류하는 경향이 있는데, 이러한 섹스로 분류되지 못하는 관계는 이성애든 동성애든 간에 많다. 그렇기에 케이트 본스타인은 젠더를 넘어 성적 지향을 기반으로 삼을 수 있는 대안적 모델을 여럿 제시하는데, 부치/펨 모델, 탑/바텀 모델, 가학/피학 모델, 부치/부치 모델, 펨/펨 모델, 3인 이상의 모델, 다자관계 모델 등이 그것이다.* 우리가 이성애나 동성애 등을 넘어 부치/펨 등의 대안적 모델로 서로를 파악할 수 있다면, 우리가 섹스·젠더·섹슈얼리티를 바라보는 시각은 더 넓어질 수 있을 것이다.

펨의 나르시시즘

"네게 잡힌 내 손이 예뻐. 널 부를 땐 입술이 예뻐." 이렇듯 〈피어나〉의 가사에는 나르시시즘narcissism(자기애)이 강하게 나타나는데, 나는 이러한 부분이 참 펨 같다고 느꼈다. 사실 어떤 정체성이든 간에 그것이 확고한 이들은 나르시시스트가 아닐 수가 없다. 정체성이 확고한 것은 자기 자신에 대한 깊은 몰입에서 나올 때가 많기 때문이다. 특히 사회적으로 '헤테로 여성'과 유사하다며 헷갈려하는 이들이 많기에 자주 착각당하는 존재들인 펨은 더더욱 그럴 수 있다. 또한 '부치스러운' 스타일은 대상이 아닌 관찰자라는 포지션을 좀더 쉽게

---

*   더 다양한 관계 모델의 예시는 다음을 참고할 것. 케이트 본스타인, 《젠더 무법자》, 조은혜 옮김, 바다출판사, 2010.

획득하는 반면, '펨스러운' 스타일은 그보다 대상으로서 존재한다. 펨 스타일은 겉보기에는 여러모로 연약해 보일 수 있지만, 사실은 관찰당할 것을, 그 시선들을 인지하면서도 그 스타일을 유지하는 꽤 대단한 정도의 '여성적' 자신감을 가진 자들이 해낼 수 있는 것이다. 이러한 이들이 강한 나르시시스트와 자주 겹치는 것은 어찌 보면 당연하다.

〈피어나〉 가사에서 중요한 점은 '그냥 나의 손'이 아니라 '네게 잡힌 내 손'이 아름답다고 짚는다는 점이다. 네게 손을 잡혀야만, 그래야만 내 손은 아름다워지고 빛나는 가치를 지니게 된다. 이렇게 보면 '너'라는 존재는 무척 소중한 것 같지만 사실 '너'는 나의 손을 아름답게 하는 고마운 도구일 뿐이다. 〈피어나〉 뮤직비디오는 거의 강박적이라고 느껴질 정도로 가인에게 기브하는 존재(성적인 자극을 주는 존재)의 모습을 잘라내고 가인만 보여주려 애를 쓰는 게 눈에 띄는 작품이며, 그럼으로써 이 〈피어나〉의 섹슈얼리티 서사를 여성의 것으로 더 확고히 만들어낼 수 있었다. 이것이 흔히 여성만을 비추는 남성향 포르노그래피와 무엇이 다르냐고 물을 수도 있겠다. 많은 남성향 포르노에서도 기브하는 존재(이때는 주로 남성이다)를 지우고 기브를 당하는 여성에만 포커스를 맞추기 때문이다. 하지만 그런 포커스 조정은 남성이 그 지워진 모호한 존재에 자신을 이입해

'빙의'하며 즐거워할 수 있게끔 하기 위한 것이다. 반면 〈피어나〉 뮤직비디오는 남성의 이입 가능성을 아예 지워내고 기브의 즐거움을 누리는 여성 이미지만을 바라볼 수 있도록 집중시키는 데 목적을 둔다. 나는 이 뮤직비디오를 보면서 '정체성'을 탐구하는 사진작가인 니키 리Nikki S. Lee의 사진 작업이 떠올랐다.

니키 리는 시리즈 작업인 〈파트Parts〉(2002~2005)에서 도려낸 듯한 사진 속에서 다양한 모습으로 등장한다. 옆에 있을 남성이 잘려나간 채 홀로 등장하는 여성의 모습을 통해 사진을 보는 이들은 '그녀가 누구인가'를 추정하게 된다. 상대방의 존재는 도려낸 듯 없애면서 '로맨틱한 관계' 속에 있는 '여성'의 정체성에 더 주목하게 만드는 것이다. 이러한 니키 리의 사진 속의 잘려나간 남자들처럼 〈피어나〉 뮤직비디오의 상대방은 내 손을 더 아름답게 만드는 도구이며 로맨틱한 관계 속에서 '나'를 만들어내는 장치일 뿐이다.

흔히 부치와 펨을 한 세트로 생각하며, 펨을 부치의 사이드킥 정도로 여기기도 한다. 부치가 셜록 홈즈라면 펨은 왓슨 정도로, 부치라는 좀더 퀴어해 보이는 존재의 개념을 보조해 부치를 존재하게 해주는 개념 정도로 여긴다는 것이다. 하지만 '탑'이 '바텀'의 보조가 아니고, 여성이 남성의 보조가 아닌 것처럼, 펨은 어떠한 사이드킥이 아니라 혼자서도 존재할 수 있다. 오히려 진정한 펨은 그 스스로도 온전하다. 로맨틱한 관계라는 것이 보통 어떤 개인의 개인성 따위는 충분히 뭉개버리는 관계임에도, 펨은 스스로에게 주목하고 또 스스로를 주목하게 만드는 힘을 가지고 있다. 이러한 힘은 감히 말하자면 '펨의 힘', '펨다운 능력'이라고 할 수도 있을 것이다.

"좋을까 뭘까 좋을까 넌. 페이크한 걸까 넌"

어느 상황에서든 자기 자신에게 주목하게 만드는 여성적 존재는 '디바diva'가 아니냐고 물을 수도 있겠다. 디바란 본래는 주로 대중음악 영역에서 탁월하게 홀로 존재할 수 있는 여성 인사에게 붙이는 이름으로, 서구권 팝 세계에서 유명한 디바로는 마돈나Madonna, 비욘세Beyonce, 카일리 미노그Kylie Minogue 등을 들 수 있으며, 케이팝 세계에서 전형적인 디바로는 엄정화, 이효리, 선미 등을 들 수 있다. 가인 또한 케이팝 디바 목록에 충분히 포함된다. 이러한 팝 문화 속의 디바를 밑절미 삼아 생겨난, 게이 등의 퀴어들이 주로 좋아하며 이입하는 정체성으로서의 '디바'는, 대중음악 영역을 넘어 주로 '남성의 여성성'을 사랑하고 동경하는 이들에게는 좀더 일상적인 정체성으로서도 기능한다. 디바 정체성은 펨 정체성과 자주 공존하지만, 디바 정체성만 있는 디바도 있기에 반드시 디바가 펨이라고는 할 수 없다 (어떤 디바는 부치 같기도 하다. 예를 들어 가수 이은미, 핑크P!NK 등은 '디바'지만, 딱히 '펨' 같아 보이지는 않는다). 가인은 펨 정체성과 디바 정체성이 함께 보이는 아티스트다. 하지만 나는 가인을 좀더 펨으로 읽고 싶은데, 가인의 노래에서는 디바와 유사하지만 조금 다른, 펨다운 부분들이 등장하기 때문이다.

〈피어나〉의 경우 "좋을까 뭘까 좋을까 넌. 페이크 한 걸까 넌"이라는 가사가 있다. 디바와 펨 모두 어떠한 남성적 존재를 자주 도구로 이용하는 이들이지만, 펨은 그 존재를 이렇게 섬세하게 걱정해준다는 차이점이 있다. 펨이 디바보다 더더욱 '여성의 여성성'을 가진 존재이기 때문에 이러한 섬세한 고민을 하는 게 아닐까 싶은 것이다. 많은 펨들이 테이크(성적인 자극을 받는 것)를 받으며 '나는 좋은데 기브하는 넌 좋은 건가?'라는 고민을 한다. 이러한 고민은 기브의 즐거움을 모르는 이, 소위 '온텍펨'*일수록 더더욱 많이 할 수 있다. 여성

---

* 레즈비언 섹스는 흔히 주거니 받거니 하는 기브 앤 테이크give and take로 이루어진다. 성관계에서 받기만 하는 성향은 '온리 테이크only take', '온텍'이라고 부르며, 반대의 성향은 '온리 기브only give', '온깁'이라고 부른다. 펨 중에 온텍인 사람을 '온텍펨'이라고 한다.

간 관계에서 어떤 이들은 '여성이 기브를 하는 즐거움'을 상상하기 어려울 수 있는 것이다. 그런데 〈피어나〉는 이 여성 간 관계 속에 자주 존재하는 미묘함을 놀랍게도 캐치해낸다.

앞서 말했듯 '너의 좋음을 신경 써주는 것' '좋다고 말해도 페이크인 걸까 걱정하는 것' 등은 굉장히 '여자 당한' 부분일 수 있다. 시스젠더 헤테로 남성이라면 "내가 박아주면 여자는 그냥 좋아 죽는 거야!"라고 으스대거나, 관계 중에 "좋아? 좋아?" 하고 강박적으로 물으며 자신의 남성성을 확인하다가도 상대방 여성이 좋다고 하면 그것을 쉽사리 믿어버리는 경향이 있고, 시스젠더 헤테로 여성은 상대방 남성이 발기하거나 사정하는 것을 '좋음', '만족'이라고 단순하게 이해하고 굳이 '페이크인 게 아닐까'를 걱정하지 않는 것 같아 보인다. "좋을까 뭘까 좋을까 넌. 페이크한 걸까 넌"과 같은 부분은 좀더 모호하거나 퀴어한 관계 속에 놓여 있는 여성성이 강한 존재, 즉 '펨'이기에 말할 수 있는 대목이다.

'여성적' 안무를 하는 남성 댄서의 존재:
펨은 '여성적 남성'과 공명한다

〈피어나〉 뮤직비디오에서 내가 가장 흥미로웠던

부분은 남성 댄서들이 등장하는 부분이었다. 이 뮤직비디오는 독특하게도 정장을 맞춰 입고 댄디하게 꾸민 남성 댄서들이 가인과 동일한 '여성적'인 춤을 춘다. 남성 댄서들은 뮤직비디오 속에서 마치 가인의 또 다른 자아들, 페르소나인 것처럼 가인을 대변하기도 하고 가인의 무의식을 보충해주기도 한다.

나는 이러한 부분을 참 '펨답다'고 여겼다. 누군가는 펨이라면 남성과 거리가 멀어야 할 것 같은데 왜 남성의 등장을 펨답다고 여겼는지 이해하지 못할 수도 있겠다. 하지만 펨은 오히려 다른 여성들보다 훨씬 더, '여성적인 행동을 하는 남성'과 자신을 쉽게 동일시하는 여성들이기도 하다. '진짜 여성'은 사실 여성적일 필요가 없다. '진짜 여성'은 여성을 연기할 필요가 없다. 하지만 펨은 그런 것을 한다(내가 만난 어떤 시스젠더 여성인 펨은 메이크업을 할 때마다 "여장한다"라고 말하기도 했다). 그러한 '여성성 수행'을 즐기는 여성이 '여성을 연기하는 존재'와 자신을 동일시하는 것은 어찌 보면 자연스러운 일이다. 이러한 동일시는 펨이 '끼순이' 등으로 불리는 여성적인 게이 남성이나 드랙퀸과 연대할 수 있는 지점이며, 펨 정체성을 젠더유동적으로 느낄 수 있게 만드는 지점이라고도 생각한다. 이미 많은 젠더퀴어들이 스스로를 '펨'이라고 정체화하기도 하고 있기도 하다. 성별이 유동적으로 전환되는 젠더플루이드

genderfluid나, 본인을 여성이나 남성이 아닌 제3의 성이라고 생각하는 뉴트로이스neutrois 등도 본인이 생각하기에 그러하다면 스스로를 '펨'이라고 정체화할 수 있다. 젠더퀴어적, 젠더유동적 정체성과 펨 정체성은 순조롭게 공존할 수 있다.

어떤 정체성 수행을 하든지 무언가를 꾸며내고 그것을 공연하는 데 능수능란한 이들은 아마도 펨일 수 있다. 심지어 여성성 수행이 아니라 남성성 수행이라도, 이미 '수행'이라는 데 도가 튼 많은 펨들은 그것을 멋지게 해낸다. 드랙퀸이 아닌, 좀더 남성적 드랙을 즐기는 드랙킹 가운데 펨이 많다는 것은 드랙킹 연구자인 잭 할버스탬이 《여성의 남성성》에서 이미 밝힌 바 있다. 이것은 '남성성'이라는 것이 사실 비수행성을 가지고 있기 때문일지도 모른다. 진정한 남자, 진짜 가부장은 아무것도 하지 않는다. 소파에 늘어진 아저씨, 청소를 안 하는 남자, 밥하는 법이나 자신을 꾸미는 법, 카페에서 섬세하게 주문하는 법 따위는 알지도 못하는 남자들의 '남성성'을 생각해보자. 그들은 아무것도 하지 않는다. 비수행성은 남성성의 핵심이다. 부치는 여성의 '남성성'을 가지고 있기에 연극적으로 흉내 내는 '여성적인' 행위에 좀 서툴 수 있다(그 흉내 내는 대상이 '남성'일지라도 흉내 내는 행위 자체는 따지자면 '여성적'인 것이다). 하지만 펨은 그런 것을 멋지게 해낸다. 이는 펨의 멋진 재능이라고도 할 수 있을 것이다.

펨에 대해서 더 이야기하자: 펨 프라이드!

이렇게 펨에 대해 논했지만, 어떤 이는 내 글을 읽으며 '아닌데. 이런 건 펨이 아니야. 내가 생각하는 펨은 달라'라고 생각할지도 모르겠다. 혹시 그렇게 생각한다면, 그 생각을 쓰면 좋겠다. 이 글은 펨 정체성을 가진 이가 썼기에 그 한계가 있을지도 모른다. 어쩌면 나는 나 자신의 특징에만 너무 집중해 이 글을 썼을지도 모른다. 그렇기에 다른 펨들이나, 아니면 아예 펨을 대상화하는 다른 정체성들이 펨에 대해서 쓴다면 또 다른 글이 나올 수도 있지 않을까 싶다. 내가 그 글에 동의하지 않을 수도 있겠지만, 어쨌든 펨에 대한 이야기가 더 많아진다면 나는 설렐 것 같다.

나는 논의의 확장을 원한다. 매번 도돌이표처럼 등장하는 "부치-펨 역할 놀이는 뺐았습니다"(근래의 '정치적 레즈비언'들, 부치와 펨이 남자와 여자를 따라 하는 것이라고 아직도 주장하는 이들이 많이 하는 말이다) 이상의 논의를 우리가 할 수 있다면 좋겠다. 그리고 펨 정체성을 가진 이들이 그러한 논의를 바탕으로 자기 자신의 정체성을 긍정하고 프라이드, 자긍심을 가질 수 있다면 더 좋겠다. 인터넷 세상에는 오만 가지 퀴어한 정체성에 대한 깃발들이 있는데, 펨 프라이드를 위한 깃발도 있다. 한국에서 나는 그 깃발을 실물로 직접 본 적은 없지만, 마음속으로나마 그 깃발을 흔들며 이 글을 마치고 싶다. 비가시화되고 '곁다리' 취급받아온 정체성인 '펨'이, 그러한 취급에서 벗어나 자신의 펨적인 면들을 멋지게 생각할 수 있기를 바란다.*

---

* "펨 플래그femme flag"로 인터넷상에서 입력을 하면 여러 이미지가 검색된다. 마이너한 정체성의 깃발들이 자주 그렇듯, 양식이 아직 통일되어 정립되진 않은 것처럼 보이니, 사실 특정한 깃발이 아니라 자신이 만든 무엇이라도 흔들 수 있다면 상관없을 것 같기도 하다.

퀴어들에게

세상은 잔인하다

이렇게 말하는 것 자체가 잔인하다고도 할 수도 있을 것이다. 아니면 이미 다 아는 이야기를 왜 굳이 말해서 더 괴롭게만 하느냐고 할 수도 있을 것이다. 어찌되었든 나는 말할 수밖에 없다. 세상은 잔인하다. 그리고 퀴어들의 세상은 더 잔인할 수도 있다.

누군가는 그 말을 믿고 싶지 않을 것이다. 전혀 다른 사례들을 나에게 내놓는 사람도 있을 수 있다. 퀴어들, 사회적 약자들이 오순도순 살아가는 사례, 서로가 서로에게 다정했던 이야기를 해줄 수도 있겠다. 나는 그런 이야기들을 무척 좋아한다. 오히려 그런 이야기에 목말라 있다. 내가 만들어낸 픽션적인 글 중에는 그런 종류의 것들이 많았다. 그리고 내 삶에도 잔인하지 않았던 순간들이 분명하게 있었다. 애니메이션 영화 〈인사이드 아웃〉(2015)의 표현을 빌리자면 그 순간들은 분명 내 안의 '노란 구슬'이었을 것이다. 분명하게 노랗고 따뜻했던 상냥함들이 내 기억 속에도 남아 있다.

그럼에도 불구하고 나는 세상이 잔인하다고 말해야 한다. 상냥함, 다정함은 사실 우리에게 기본적인 것으로 주어지지 않는다. 마치 일본의 식당에서 모든 반찬을 하나하나 사야 하는 것처럼 따로 요구해야 하는 것이고, 만약에 그것이 그냥 서비스로 나왔다면 기쁘고 감사해야 하는 그런 종류의 것이다. 나는 다정함이 기본이 되었으면 좋겠다고 생각하는 사람이기에, 이것이 우리에게 기본이 아니라고 먼저 말해야 한다. 그것이 우리의 세상은 잔인하다고 내가 말하는 이유다.

세상에는 퀴어와 같은 사회적 약자들이 사회적 강자들에 비해 더 다정하고 서로를 위한다는 판타지가 있다. 안타깝지만 그것은 정말 판타지일 뿐이다. 사회적 약자들, 어딘가 하자가 있는 존재들이 서로의 힘을 모아 열심히 '얍!' 하고 악당을 무찌르는 이야기는 영화나 애니메이션에서나 나올 종류의 것이지, 그것은 현실이 아니다. 나도 그런 이야기를 무진장 좋아하지만, 어쨌든 현실은 다르다. 어딘가 하자가 있는 존재들은 하자가 있기에 오히려 서로에게 잔인해지기도 한다. 까놓고 말해서, 어딘가 하자가 있는 존재라면 하자가 덜 있는 존재를 만나 보완받고 싶어 하는 경우가 많고, 같은 하자가 있는 존재를 좋다고 하는 경우는 적다. 많은 인간은 자신과 비슷한 약점이 있는 존재들을 혐오한다. 퀴어 가운데 같은 퀴어를 혐오하는 경우도 많다.

아니, 그런데 '같은 퀴어'라는 개념이 가능이나 한가? 퀴어들은 모두 다르기까지 하다. 게이는 레즈비언과 다르고, 레즈비언은 바이와 다르며, 동성애자는 당연히 트랜스젠더와 다르고, 논바이너리 트랜스젠더와 바이너리 트랜스젠더는 서로 다르다. 성적 지향이나 성적 정체성이 정상성에서 미끄러진다는 거대한 공통점만 있을 뿐 엄격하게 말해서 '퀴어는 거의 모두 다르다'. 그래서 어떤 퀴어적 존재들은 퀴어 공동체에 더더욱 적응하지 못하기도 한다. 무성애 정체성을 가진 헤테로 친구들은 나에게 유성애에 미쳐 있는 퀴어 공동체에 있느니 시스젠더 헤테로 유성애자들 사이에서 버티는 쪽이 마음 편하다는 말을 하기도 했다. 몇몇 바이너리 트랜스젠더 지인들도 비슷한 이야기를 했고, 심지어 시스젠더 레즈비언 지인들도 그런 이야기를 했다. "퀴어함으로 똘똘 뭉친 공동체 같은 쪽은 부담스러워. 그냥 비非퀴어들 사이에서 있는 듯 없는 듯 섞여 살래. 그게 편해."

물론 시스젠더 레즈비언의 경우에는 이성애자들 사이에서 섞여 사는 데 어느 정도 한계가 있다. 자신의 정체성을 유지하면서 섞여 살더라도 언젠가는 반드시 한계가 온다. 20대 초반까지면 자신을 용인해주는 이성애자 친구들 사이에서만 놀면서, 유일한 퀴어적 실천이 애인을 만드는 것뿐이어도 큰 불편함이 없을 수도 있다. 그 애인은 연인이면서 동시에 자신의 유일한 퀴어 친구, 퀴어함을 유일하게 드러내는 아주 소중한 존재가 되는데, 그렇게 너무나 큰 의미를 둔 애인과의 관계는 유쾌하지 않을 수 있다.

전형적인 '벽장 레즈비언'들은 "나는 애인 하나만 있으면 돼. 우리 둘이서만 행복하게 살자. 다른 사람이 왜 필요해? 퀴퍼 같은 거 왜 가?"와 같은 말을 수시로 내뱉는다. 그 말은 자기 자신을 향하기도 하지만 때때로 다른 레즈비언, 퀴어, 자신이 그렇게 사랑하는 연인에게도 향한다. 어떤 이들은 정말로 자신의 애인이 퀴어퍼레이드와 같은 퀴어 행사에 가는 것을 막기도 한다. 심지어 퀴어임을 들키는 것이 두려워 여성영화제에 가는 것조차 싫다고 하는 이를 본 적도 있다(여성영화제에 퀴어 섹션이 있긴 하지만 그것이 퀴어영화제인 것도 아닌데 말이다). '우리 둘이서만 행복하게 살기 위해' 그렇게 노력해서 천년만년 행복하면 좋으련만, 많은 경우 벽장 속 커플들은 헤어지게 마련이다. 결혼제도 등이 마련되어 있는 이성애자들에 비해 퀴어들이 더 쉽게 헤어질 수밖에 없는 면도 있다. 벽장 안이든 밖이든 퀴어 커플은 비非퀴어 커플에 비해 깨지기 쉽다. 그러나 확률적으로 벽장 안에서 혼자 이별의 비통함을 느끼는 것이 더 괴로울 것이다.

게다가 퀴어 커뮤니티는 서로의 비통한 눈물을 닦아주고 위로해주기 위한 곳이 아니다. 운 좋게 퀴어 커뮤니티에서 그런 퀴어 친구를 만날 수는 있지만, 그리고 퀴어 커뮤니티에 열심히 참여해서 그런 친구들을 많이 만들어 당신들의 퀴어 복지에 신경 쓰라고 누누이 말해오긴 했지만, 퀴어 커뮤니티 자체는 퀴어들을 '부둥부둥'해주는 곳이 아니다. 이건 당연한 소리다. 어떤 커뮤니티도 그런 목적으로 생겨나지 않는다. 집단 심리 치료를 위한 모임 같은 경우에는 그런 목적이 조금쯤 있을 수 있겠지만, 그 역시 참여자의 심리적 안전을 기본으로 삼는 것뿐이지 서로를 '우쭈쭈'해주는 공간인 것은 아니다. 그냥 퀴어들이 살다 보니 모이게 되는 게 퀴어 커뮤니티다. 그런 퀴어 커뮤니티 중에 뭔가 정치적 올바름을 챙기는 운영자가 있는 곳에서는 구성원들이 좀더 서로에게 다정하게 구는 경향이 있을 수 있지만, 기본적으로 퀴어 커뮤니티 자체에 그런 기능은 없다.

많은 경우 퀴어 커뮤니티에는, 퀴어 커뮤니티 밖에 있는 인간들보다 더 사회성이 떨어지는 존재들이 모여 있게 마련이다. 나는 퀴어한 존재를 욕하고 싶지 않고 나쁘게 말하고 싶지도 않지만, 사실이 정말 그렇다. 이 낮은 사회성에 대해 변명을 하자면, 퀴어한 존재들은 살아가면서 퀴어하지 않은 존재들에 비해 괴로운 일을 너무나 많이 겪게 된다는 것이다.

2007년 한국성적소수자문화인권센터에서 166명의 동성애자 청소년을 만나 설문조사를 실시했을 때, 학교나 교사로부터 성정체성을 이유로 부당한 대우를 받은 경험이 있는 경우는 17.8퍼센트였고, "자살에 대해 생각해 본 적 있다"라고 대답한 비율이 76.6퍼센트였다.* 2007년의 한국 성소수자 사회의식조사는 전국에 거주하는 10대부터 60대까지의 성적 소수자 378명을 대상으로 한 조사였는데, 성정체성으로 인해 "학교를 그만두고 싶었던 적이 있는가"라는 질문에 25.6퍼센트가 "그렇다"라고 답했다.** 좀더 최신의, 동성애자 중심에서 벗어난 글로벌한 자료에서 나타나는 경향도 비슷하다. UCLA의 윌리엄스 인스티튜트가 조사한 2014년부터 2015년까지의 자료에 따르면, 트랜스젠더 인구의 40퍼센트가 자살을 시도한 경험이 있고, 77퍼센트가 학교에서 언어폭력과 신체적 폭력 등의 학대를

---

* 학생인권조례 성소수자 공동행동, 〈성적소수자 학교 내 차별 사례 모음집 2011〉, 학생인권조례 성소수자 공동행동, 2011, 60쪽.
** 학생인권조례 성소수자 공동행동, 같은 자료, 66쪽.

당했다. 26퍼센트는 트랜스젠더라는 이유로 직계가족에게 대화를 거부당하거나 절연당했고, 지난 1년 동안 직장에 다녔던 사람들의 23퍼센트가 어떤 형태로든 학대를 당했다.[***]

직장에서, 학교에서, 집에서, 모든 공간에서 (정신적으로든, 신체적으로든, 언어적으로든, 어쩌면 모든 방식으로든) 얻어맞으면서 살아온 사람이 사회성을 잘 기르기는 쉽지 않다. 어떤 이들은 이렇게 얻어맞고 자랐음에도 '캔디'처럼 밝고 온화할 수 있겠지만, 더 많은 이들은 몸도 마음도 힘들기에 자신이 아닌 다른 사람들에게 다정함을 나누어줄 여력이 없게 마련이다. 여력이 없는 것이 당연하고, 밝은 사람이 특수한 것일지 모른다.

그리고 요즘의 퀴어 커뮤니티를 둘러싼 여러 혐오적 논쟁들은 퀴어들을 더 지치게 만든다. '랟펨'을 자처하는 일부 시스젠더 레즈비언들은 트랜스젠더, 특히 트랜스 여성을 혐오하는 데 앞장선다. 어떤 동성애자들은 더 '티 나는' 동성애자들을 모욕한다. 일부 바이너리 트랜스젠더는 논바이너리 트랜스젠더를 이해하지 못하기도 한다. 상대적으로 전통적인 정체성의 퀴어 중에는 '젠더퀴어'와 같은 더 새로운 정체성의 퀴어를 비웃는 이도 있다. 일부 동성애자들이 양성애자를 경멸하는

***　아이리스 고틀립, 《뷰티풀 젠더》, 까치, 2020, 152쪽.

것은 때때로 당연시되기도 한다. 어떤 유성애자인 퀴어들은 무성애자가 대체 뭐가 퀴어하느냐고 말하고, 어떤 무성애자인 퀴어들은 지독하게 유성애적인 퀴어들, 그리고 유성애중심적인 퀴어 문화 전반을 참을 수 없어 한다. 어떤 이들은 게이 남성들의 고질적인 여성혐오를 지적하기도 하고, 또 다른 이들은 '한남 부치'의 유해한 남성성을 비난한다.

이런 모든 이야기를 섞어서 말하는 것이 매우 부적절하다고 느끼는 사람도 있을 것이다. 모두 다양한 맥락이 있고, 어떤 것은 정말로 무척 유해하고, 어떤 것은 상대적으로 변명의 여지가 있을 수 있으며, 어떤 것은 상대적으로 별것 아니라고 생각할 수도 있을 것이다. 그러나 아무튼, 거대하고 모호하며 무정한 집단인 퀴어 커뮤니티를 뒤흔드는 것이라는 공통점이 있기에 나는 이 모든 혐오와 모욕, 삿대질과 경멸 등을 섞어 적었다. 퀴어 커뮤니티의 오랜 수호자이자 천재적 아티스트인 이반지하는 이미 오래전에 이러한 사태 속의 퀴어 커뮤니티를 다룬 노래 〈오염〉을 만들기도 했는데, 그 가사 중 일부를 소개하고 싶다.

너와 내가 만나고
우리와 그들이 만나서 만든
오염

레즈사회 호령하던 부치 언니

페미들이 망쳐놨네

레즈사회 호령하던

부치언니 페미들이 망쳐놨네

아 아 아

여자 돈은 안 쓴다던 부치언니

더치페이 배워왔네

밤일 할 때 옷 안 벗던 부치언니

자기 몸을 긍정하네

아 아 아

남성사회 호령하던 페미언니

게이들이 망쳐놨네

남성사회 호령하던 페미언니

게이들이 망쳐 망쳐놨네

아 아 아

비폭력 대화만 하던 페미언니

입에 살짝 걸레 물어 보네

좆이라면 치를 떨던 페미언니

딜도 차고 재미 보네

아 아 아

……

겨우겨우 자리 잡은 호모 사회

트랜스가 망쳐놨네

겨우겨우 자리 잡은 호모 사회
트랜스가 망쳐놨네
자기 몸을 긍정하던 부치 언니
호르몬에 빠져드네*

　　이반지하의 〈오염〉에서 보듯 '페미'들이 '부치'들을 망쳐놓았다고 욕하고, '게이'들이 '페미'들을 망쳐놓았다고 욕한다. '트랜스'가 '부치'를 망쳐놓았다고, "겨우겨우 자리 잡은 호모 사회 트랜스가 망쳐놨"다고 욕한다. 우리의 퀴어 커뮤니티는 이런 식이다. 우리는 나쁜 경우 서로를 혐오하고 서로에게 삿대질을 하며, 덜 나쁜 경우에는 서로에게 관심이 없고 존재 자체도 잘 모른다.

　　그러나, 그럼에도 불구하고

　　〈세속적인 쾌락의 동산Tuin der Lusten〉은 히에로니무스 보스Hieronymus Bosch가 1490~1510년쯤에 그린 작품으로, 인간의 쾌락이라는 주제를 세 폭으로 구성했다. 천국을 상징하는 왼쪽에는 예수, 아담과 하와가, 인간 세

* 　이반지하(작사·작곡), 〈오염〉, 2008.

계를 상징하는 가운데에는 인간의 육욕·식욕·죄악이, 지옥을 상징하는 오른쪽에는 기괴하고 이상한 형체를 가진 자들이 그려져 있다.

　내가 이 글에서 미학적 해석을 하려는 건 아니고, 그저 미술비평가이자 소설가인 존 버거John Berger가 이 세 폭의 그림 중 지옥을 상징하는 오른쪽 그림에 대해 언급한 인상적인 이야기를 소개하고 싶다.

　　그림 속 지옥에는 지평선이 없다. 행동들 사이의 연속성도 없고, 휴식도 없으며, 길이나 패턴도 없고, 과거도 미래도 없다. 거기엔 서로 다른, 조각난 현재들이 내지르는 괴성밖에 없다. 모든 곳에서 놀랍고 자극적인 광경이 펼쳐지지만 그 어떤 것도 결과를 낳지 않는다. 흘러가는 건 하나도 없고, 모든 것이 갑자기 끼어든다. 이것이야말로 공간적 광란 상태다.**

　존 버거는 이 그림이 세계화된 오늘날의 매스미디어와 같다고 '썰'을 풀었지만, 나는 이러한 설명이 마치 퀴어 커뮤니티를 말하는 듯하다고 느꼈다. 퀴어 커뮤니티에는 충격과 자극은 가득하지만 결과는 어디에도 없

** 존 버거, 《초상들》, 열화당, 2019, 74쪽.

다고, 그렇게 느낄 때가 많다. 수많은 사건들이 퀴어 커 뮤니티를 치고 지나가지만 많은 경우 당사자들이 커뮤니티에서 사라지고 그냥 허무하게 끝이 나서 결과가 사라진다. 역사가 축적되지 못해서 (무언가를 기억하는 사람들이 계속해서 어떤 고통 속에서 사라지는데 어떻게 축적이 되겠는가) 모든 것이 흐르지 못하고 자주 끊어진다. 많은 프로젝트가 엎어지고, 엎어진 이유는 과거에 비슷한 프로젝트가 엎어졌던 이유와 비슷하지만 서로를 가르쳐주지는 못한다. 우리에게는 연속성이 없고 과거도 미래도 없다. 모두가 떠들고 싶어 하지만 이질적이고 조각난 현재가 와글댈 뿐이다. 공간적 광란은 트위터 퀴어 계정들, '탑엘' 어플과 같은 인터넷 속 퀴어 공간에서 흔히 볼 수 있다. 저 그림의 제목이 〈세속적인 쾌락의 동산〉이라는 것도 너무나 퀴어 커뮤니티처럼 느껴진다.

그렇다면, 그럼에도 불구하고, 우리는 어떻게 해야 하는가? "우리가 사는 곳은 지옥이고요. 우리가 할 수 있는 일은 없습니다"라고 잘라 말하고 싶지는 않다. 앞서 말했듯 나는 서로에게 다정하기를 바란다. 히에로니무스 보스의 지옥 같음에도, 그 끔찍함과 지겨움에도 불구하고 우리가 서로에게 상냥하고 다정하기를 바란다. 그것이 어려울 수 있다는 것을 당연히 안다. 너무나 잘 안다. 우리가 우리를 서로 '엿먹이는 것'이 어쩌면 우리다운, 자연스러운 것일지도 모른다고도 생각한다. 하지만 우리는 노력을 할 수 있을 것이다.

노력한다고 해서 지옥을 벗어나거나, 지옥이 지옥이 아니게 될까? 나는 모르겠다. 솔직히 나는 그런 삶을 살아본 적이 없어서, 잘 모르겠다. 불평등하고 억압받는 사회에서 너무 오래 살아온 사람이 평등이나 자유 같은 걸 잘 상상하지 못하는 것처럼, 나는 다정한 사회를 잘 상상해내지 못한다. 나는 비관적이다. 그럼에도 나는 왜 더 나은, 더 다정한 사회에 대한 꿈을 꾸고 싶어 할까?

어쩌면 그 역시 내가 퀴어이기 때문일지 모른다. 퀴어들 중에는 '미성숙한 (아름다운) 인간들의 실패한, 혹은 실패할 혁명' 같은 것에 열광하는 감성을 가진 자들이 많은데, 나 또한 그렇다. 나는 반항과 일탈을 좋아한다. 반짝거리다가 명멸하는 것을 좋아한다. 어쩌면 나의 소망 또한 이런 나의 퀴어적 페티시에서 온 것일지도 모른다. 퀴어 커뮤니티를 다정하게 만드는 것은 결국 '실패할 혁명'이 될 것 같다. 하지만 나는 그런 것을 좋아한다. 이미 실패할 혁명을 하기 위해 비퀴어들 사이에서 나와 퀴어들 사이로 숨어들었으므로, 이제는 퀴어들의 사회를 교란하고 또 실패하고 싶다. 나는 '세속적인 쾌락의 동산'에서, 반드시 실패할 거라 믿는 혁명을 하기 위해 꿈을 꾸고 싶다.

들어가는 글: 나의 이야기

사이토 미나코, 《요술봉과 분홍 제복》, 권서경 옮김, 문학동네,
　　2020.

팬픽으로 퀴어를 배우는 건 안 되는 걸까

권지미, 〈'남성 아이돌을 사랑하는 레즈비언'을 위한 변론〉,
　　《퀴어돌로지》, 스큅 외 지음, 오월의봄, 2021.
김남옥·석승혜, 〈그녀들만의 음지문화, 아이돌 팬픽〉, 《Journal of
　　Korean Culture》 제37호, 2017.
김효진, 〈'당사자됨'을 구성하기: BL이 우리에게 가르쳐 주는 것〉,
　　2020 퀴어돌로지 세미나, 2020.
미조구치 아키코, 《BL진화론》, 김효진 옮김, 이미지프레임, 2014.
우연수, 〈'급진적인 변태들'의 정치학, 퀴어 이론〉, 《성대신문》,
　　2018년 11월 5일 자.

윤소희, 〈팬픽션 퀴어바디즘〉, 《퀴어돌로지》, 스큅 외 지음,
　　오월의봄, 2021.

허윤, 〈한없이 투명하지만은 않은 〈블루〉〉, 《원본 없는 판타지》,
　　오혜진 외 지음, 후마니타스, 2020.

SBS, "10대 동성애의 두 얼굴", 〈그것이 알고 싶다〉, SBS, 2002년
　　10월 26일 방영.

나는 왜 퀴어페스를 썼나

권김현영 외, 《피해와 가해의 페미니즘》, 교양인, 2018.

권지미, 〈남성 아이돌 알페스 문화 속의 트랜스혐오〉,
　　《퀴어돌로지》, 스큅 외 지음, 오월의봄, 2021.

김원영, 《실격당한 자들을 위한 변론》, 사계절, 2018.

니라 유발-데이비스, 《젠더와 민족》, 박혜란 옮김, 그린비, 2012.

섀런 스미스, 〈정체성 정치 비판〉, 《계급, 소외, 차별》, 차승일 옮김,
　　제프리 디스티 크로익스 외 지음, 책갈피, 2017.

위키백과, '러버', https://ko.wikipedia.org/wiki/러버 (2020년 8월
　　4일 검색).

윤소희, 〈팬픽션 퀴어바디즘〉, 《퀴어돌로지》, 스큅 외 지음,
　　오월의봄, 2021.

일라이 클레어, 《망명과 자긍심》, 전혜은·제이 옮김, 현실문화,
　　2020.

전혜은, 〈장애와 퀴어의 교차성을 사유하기〉, 《퀴어 페미니스트,
　　교차성을 사유하다》, 전혜은 외 지음, 여이연, 2018.

정진희, 〈'교차성'은 차별을 설명하는 유용한 개념인가?〉,
　　《마르크스21》 제16호, 2016.

정진희, 〈정체성 정치는 차별에 맞서는 효과적인 무기가 될 수
　　있을까?〉, 《노동자 연대》 제322호, 2020년 5월 14일 자.

페미위키, '정체성의 정치', https://fmwk.page.link/cJfA (2020년 8월 4일 검색).

남성 아이돌 알페스와 '여성서사' 논란에 대하여

네이버 국어사전, '빼앗다', https://ko.dict.naver.com/#/search?query=%EB%B9%BC%EC%95%97%EB%8B%A4 (2020년 8월 14일 검색).

루인, 〈규범이라는 젠더, 젠더라는 불안: 트랜스/페미니즘을 모색하는 메모, 세 번째〉, 《여/성이론》 제23호, 2010.

오혜진 외, 《원본 없는 판타지》, 후마니타스, 2020.

페미위키, '젠더벤딩', https://femiwiki.com/w/젠더벤딩 (2021년 11월 19일 검색).

케이팝의 퀴어베이팅, '비게퍼', '퀴어착즙'

박주연, 〈퀴어 시청자들을 낚는 '퀴어베이팅'을 아시나요〉, 《일다》, 2019년 8월 22일 자, http://m.ildaro.com/8531.

신윤동욱, 〈동성연애자? 장애자? 틀렸어!: 소수자들에게 '비정상'의 굴레를 씌워 왔던 호칭들의 새로운 이름찾기〉, 《한겨레21》 제303호, 2000년 4월 13일 자, http://legacy.h21.hani.co.kr/h21/data/L000403/1pbt4304.html.

'아이돌 덕질할때 가장 빡치는 상황 월드컵', https://www.piku.co.kr/w/5wMqOd (2020년 8월 21일 접속).

페미위키, '기갈', https://fmwk.page.link/k8Ta (2020년 8월 21일 검색).

레즈비언 정상성에 집착하는 이들에 대하여

고윤경, 〈여성 아이돌을 향한 여성 팬 응시의 역동: 소녀시대 여성
　　동성애 팬픽을 중심으로〉, 《여성문학연구》 제50권, 2020.

김효진, 〈당사자됨을 구성하기〉, 《퀴어돌로지》, 스큅 외 지음,
　　오월의봄, 2021.

미조구치 아키코, 《BL진화론》, 김효진 옮김, 이미지프레임, 2014.

박희아, 〈정연의 남장은 누굴 향한 걸까〉, 《IZE》, 2018년 5월 2일 자.

송요셉, 〈백합 팬픽에 나타난 여성 간 관계 설정에 관한 탐색〉,
　　《한국언론학회 학술대회 발표논문집》, 2009.

스기무라 이쿠코, 〈일본 '레즈비언 전후사' 다시 읽기: '성욕'이라는
　　관점의 결여에 관하여〉, 《일본비평》 제11호, 2014.

이서, 〈언니 저 달나라로: 백합물과 1910~30년대 동북아시아
　　여학생 문화〉, 《퀴어인문 잡지 삐라》 제1호, 2012.

한국레즈비언상담소, '부치'/'팸'/'전천', lsangdam.org/
　　부치팸전천/(2021년 11월 19일 검색).

레즈비언과 '소년애'

로이스 W. 배너, 《마거릿 미드와 루스 베네딕트》, 정병선 옮김,
　　현암사, 2016.

리타, 〈변명이 필요한 취향〉, 《퀴어인문잡지 삐라》 제3호, 2016.

미즈위키, 'BL', https://shojo.fandom.com/ko/wiki/BL(2020년
　　9월 4일 검색).

샐리 하인즈, 《젠더 정체성은 변화하는가?》, 조현준 옮김,
　　자유의길, 2019.

위키백과, '소년', https://ko.wikipedia.org/wiki/소년(2020년 9월
　　4일 검색).

윤일권, 〈고대 그리스 사회와 신화 속의 동성애〉, 《유럽사회문화》
　　　제3권, 2009.

진은영, 〈네가 소년이었을 때〉, 《우리는 매일매일》, 문학과지성사,
　　　2008.

sibauchi, 〈보이즈 러브, 쾌락과 실험과 유희의 장〉, 《크리틱M》,
　　　2015.

펨이란 무엇인가

게일 루빈, 《일탈》, 임옥희 외 옮김, 현실문화, 2015.

권김현영 외, 《한국 남성을 분석한다》, 교양인, 2017.

레인보우링, 〈팸에 관하여〉, 《레인보우링: L-NOLLAN?! #1
　　　FEMME》, 2010, https://rainbowring.tistory.com/m/166.

위키백과, '젠더퀴어', ko.m.wikipedia.org/wiki/젠더퀴어(2021년
　　　11월 20일 검색).

잭 할버스탬, 《여성의 남성성》, 유강은 옮김, 이매진, 2015.

케이트 본스타인, 《젠더 무법자》, 조은혜 옮김, 바다출판사, 2015.

cahier de seoul, 〈Nikki. S. Lee〉, 《까이에 드 서울》, 2014, https://
　　　cahierdeseoul.com/ko/nikki-s-lee-2/.

sukie, "뮤지엄의 한인 작가들 〈2〉 니키 S. 리
　　　@메트로폴리탄뮤지엄", 〈NY culture beat〉, 2013년 10월 9일
　　　게재, http://www.nyculturebeat.com/?mid=Art&document
　　　_srl=2920120.

藤本 由香里, 《快楽電流 女の、欲望の、かたち》, 河出書房新社,
　　　1999.

나가는 글: 퀴어들에게

아이리스 고틀립, 《뷰티풀 젠더》, 노지양 옮김, 까치, 2020.

위키백과, '세속적인 쾌락의 동산', https://ko.wikipedia.org/wiki/
　　　세속적인_쾌락의_동산(2020년 12월 1일 검색).

이반지하, 〈오염〉, 2008.

존 버거, 《초상들》, 김현우 옮김, 열화당, 2019.

학생인권조례 성소수자 공동행동, 〈성적소수자 학교 내 차별 사례
　　　모음집 2011〉, 학생인권조례 성소수자 공동행동, 2011.

알페스×퀴어

초판 1쇄 펴낸날	2022년 3월 8일
지은이	권지미
펴낸이	박재영
편집	이정신·임세현·한의영
마케팅	신연경
디자인	조하늘
제작	제이오
펴낸곳	도서출판 오월의봄
주소	경기도 파주시 회동길 363-15 201호
등록	제406-2010-000111호
전화	070-7704-5240
팩스	0505-300-0518
이메일	maybook05@naver.com
트위터	@oohbom
블로그	blog.naver.com/maybook05
페이스북	facebook.com/maybook05
인스타그램	instagram.com/maybooks_05

ISBN   979-11-6873-006-9 03330

만든 사람들

책임편집	이정신
디자인	조하늘